영국의
사회적기업 육성 계획

이 자료는 2006년 영국의 Cabinet Office, Office of the Third Sector에서 발간한 "사회적기업
육성계획 : 더 높은 고지를 향하여(Social enterprise action plan : Scaling new heights)"를
요약 번역한 것으로 한국어 판권은 사)사회적기업연구원에 있음

영국의
사회적기업 육성 계획

조영복, 곽선화 옮김

SOCIAL ENTERPRISE
action plan: scaling new heights

RISE 사회적기업연구원   Σ 시그마프레스

영국의 사회적기업 육성 계획

발행일 2011년 11월 21일 1쇄 발행
옮긴이 조영복 · 곽선화
발행인 강학경 ┃ 발행처 (주)시그마프레스
편집 홍선희 ┃ 교정 김성남
등록번호 제10−2642호
주소 서울특별시 마포구 성산동 210−13 한성빌딩 5층
전자우편 sigma@spress.co.kr ┃ 홈페이지 http://www.sigmapress.co.kr
전화 (02)323−4845~7(영업부), (02)323−0658~9(편집부) ┃ 팩스 (02)323−4197
ISBN 978−89−5832−473−7

＊ 책값은 책 뒤표지에 있습니다.

옮긴이 서문 – 사회적기업연구원장

 사회적기업(social enterprise)은 영리적인 기업활동을 통해 수익을 창출하고 창출된 수익은 사회적 목적을 위해 재투자하는 기업이며, 우리 사회가 당면한 복지국가의 위기와 사회적 배제의 문제를 슬기롭게 해결할 수 있는 그릇이 됩니다. 우리나라에서도 2007년부터 사회적기업육성법이 시행되어 사회적기업이 인증되었습니다.

사회적기업을 민간 기업과 같은 효율성을 갖춘 자립모델로 육성하기 위해서는 제도적 기반을 갖추기 위한 정책적인 노력이 필요합니다. 전 세계에서 가장 역동적이고 성공적으로 사회적기업을 육성해 온 영국정부의 노력은 사회적기업을 국가 주도적으로 육성하고자 하는 우리에게 많은 도움이 될 수 있습니다.

이번에 번역 발간하는 『영국의 사회적기업 육성 계획(Social Enterprise Action Plan)』은 본 연구원이 이미 번역 발간한 영국 통상산업부(Department of Trade and Industry: DTI)의 『사회적기업: 성공을 위한 전략』과 『사회적기업 진행보고서: 성공을 위한 전략』의 완결판입니다. 여기에는 사회적기업을 위한 정부의 역할 및 사회적기업 전략 이행의 성과가 제시되어 있으며, 사회적기업의 성장을 위한 육성계획이 구체적으로 제시되어 있습니다. 이러한 자료는 사회적 기업을 위한 지원정책을 마련하고 있는 우리에게 소중한 경험적 자료가 될 수 있습니다.

그동안 (사)사회적기업연구원은 국제적인 사회적기업 연구기관인 Social Enterprise London과 협약을 맺어 《Social Enterprise Journal》의 한국어 판을 정기적으로 발간한 데 이어, 한국 최초로 사회적기업 매거진인 『사회적기업』도 창간하였으며, 대통령자문 국민경제회의의 위탁으로 『사회적기업육성을 위한 중장기 정책방향』을 연구·발간하기도 하였습니다. 우리는 이러한 노력들이 한국의 사회적기업가들과 정책 입안자 및 학자들에게 유용한 정보를 제공하는 매체가 되기를 바랍니다.

한국어 번역을 허락하신 영국 내각사무처(Cabinet Office), 제3섹터청(Office of the Third Sector) 관계자 여러분과 후원해 주신 현대자동차주식회사 임직원 여러분께 감사의 말씀을 드립니다.

2011년 10월
(사)사회적기업연구원장, 부산대 경영학부 교수
조영복

총리 서문

 본 계획서의 출간으로 사회적기업에 대한 정부의 지원
은 새로운 국면에 접어들었습니다. 하지만 그 뿌리는
깊다고 하겠습니다.

저는 2003년 사회적기업연합(Social Enterprise Coalition)
의 출범을 알리는 문서였던 "기업에는 여러분이 생각하
는 것 이상의 가치가 있습니다(There's More To Business Than
You Think)"라는 글의 서문에서, 사회적기업의 역할을 증대시키기 위해서는
무엇보다도 사회적기업의 가치에 대한 이해 증진이 중요할 것이라고 기고한
바 있습니다.

이제 사회적기업 및 관련기관들의 수년간의 활발한 캠페인 덕분에, 또 사
회적기업 담당부서(Social Enterprise Unit)의 후원과 윤리적 소비문화의 확산 덕
분에 사회적기업은 대중에게 가깝게 다가가고 있으며, 그 결과 점점 더 많은
사람들이 사회적기업이 하는 일을 이해하게 되었습니다.

공정한 사회실현을 위한 사회적기업의 노력 속에서 우리는 혁신과 자신
감이 증대되는 것을 볼 수 있습니다. 사회적기업은 빈곤지역에서 고용과 기
회를 증대시키는 능력을 발휘하고 있으며, 공공 서비스 부문에서 혁신적인
방안을 제공할 수 있는 능력을 가지고 있음을 보여 주고 있습니다.

앞으로 수년간 우리는 사회정의를 위해 더욱 힘차게 전진하고, 일반 기업 및 공공 부문과 보다 원활하게 협력하는 사회적기업을 더 많이 보게 될 것이라고 확신합니다. 앞으로 우리는 사회적기업들이 번영하는 것을 보게 될 것입니다.

토니 블레어

재무부 장관 서문

저는 사회적기업들이 어떻게 인재와 자원을 동원하는지 직접 본 적이 있습니다. 저의 선거구 내에 있는 사회적기업들에 대한 주소인명부를 발간하고, 영국 전역에서 사회적기업을 운영하는 사람들과 의견을 주고받으면서, 저는 사회적기업이야말로 활력과 낙관론의 중심임을 분명히 알 수 있었습니다.

국가적으로 사회적기업은 우리 경제의 미래에서 중요한 부분을 차지합니다. 현재 사회적기업의 수는 전국적으로 55,000여 개로 추정되며, GDP 기여도는 80억 파운드입니다.

그러나 이 기업들의 경제에 대한 진정한 기여는 그 이상입니다. 사회적기업은 배제되었던 사람들을 경제 내로 재편입하고 환경과 사회를 개선함으로써 번영과 사회정의를 함께 향상시키고 있습니다.

바로 이 점이 사회적기업을 다른 기업들과 차별화하는 부분입니다. 사회적기업은 야망과 기회가 있는 영국인이라면 재능에 등을 돌리게 할 수 없다는 믿음을 구현합니다. 어느 누구도 배제되어서는 안 될 것이며, 그 어떤 잠재적 재능도 낭비되어서는 안 될 것입니다.

공정과 사회정의가 함께하는 기업의 역동성과 성공, 이것이야말로 우리

국가비전의 핵심이며, 이 육성계획은 사회적기업들이 이러한 비전을 성취할 수 있도록 도울 것입니다.

고든 브라운

10 영국의 사회적기업 육성 계획

제3섹터 장관 서문

 정치에 몸담고 있으면서 가장 보람된 순간은 사회 변화의 선두에 서서 더 나은, 더 공정한, 더 정의로운 사회를 만들 수 있다고 믿고 이를 실현하는 사람들을 만날 때입니다.

2006년 5월 사회적기업 관할을 담당하는 부처의 장관이 된 이후, 저는 장관 취임 첫 주에 만난 에지 사회적기업상(Edge Social Enterprise Award) 수상자들에서부터, 컴브리아(Cumbria)에 있는 펠러너(Fellrunner) 지역 교통서비스 운영자들, 그리고 피프틴(Fifteen)이나 빅 이슈(The Big Issue) 등과 같은 잘 알려진 기업의 경영진들에 이르기까지 사회적기업 운동의 놀라운 헌신과 역동성을 직접 볼 수 있는 특권을 누려 왔습니다.

제가 만난 모든 사람들을 한데 묶는 것은 이들의 가치와 할 수 있다는 정신, 바로 이 두 가지였습니다. 그들은 모두 기업을 통해 세상을 변화시키려는 의지를 가지고 있습니다. 또한 그들은 아무리 어려운 문제에 직면하더라도, 그리고 도중에 그 어떤 장애물이 있더라도 우회하거나 좌절하지 않겠다는 결연한 의지를 보여 줍니다.

사회적기업들은 사업을 하면서 민간 부문과 공공 부문에서 변화를 이끌어냅니다. 양 분야에서 사회적기업들은 변화의 선두에 있습니다. 민간 부문에서 사회적기업의 주된 목적은 기업활동의 중심에 윤리적 가치를 두고 해당지역의 책임감 있는 구성원이 될 것을 촉구하는 것입니다. 공공 부문에 있어서 그들의 목적은 서비스 이용자 및 실무진의 기술과 전문성을 활용해서 새로운 방식으로 공공 서비스를 제공하도록 하는 것입니다.

영국 전역의 사회적기업가들을 만나면서 저는 이 계획을 구체화하는 데 있어 그들의 의견을 참고하고자 했습니다. 본 육성 계획이 정부와 사회적기업 간의 진정한 협력체계를 추구하는 데 있어서 올바른 방향으로의 한 걸음 진전이 되기를 희망합니다.

정부가 직접 사회적기업의 영감과 역동성을 창출하는 것은 아닙니다. 동시에 저는 여러분과의 대화를 통해, 사회적기업에 대해 진지하게 책임을지고 사회적기업의 번영에 필요한 여건들을 조성해 줌으로써 사회적기업을 뒷받침해 주는 정부를 여러분이 필요로 하고 있음을 알고 있습니다.

이러한 여건 개선을 위한 노력에 있어서, 힐러리 암스트롱(Hilary Armstrong) 내각사무처 및 사회통합청장관과 저는 여러분의 의견을 듣고자 합니다. 본 육성 계획은 여러분의 활동에 대한 정부의 지원을 향상시키는 과정의 또 다른 발걸음일 뿐, 그 과정의 끝이 아니라고 우리는 보기 때문입니다.

사회적기업이 이제 막 국가에 대한 기여를 시작하는 위치에 놓여 있듯이, 우리 정부도 사회적기업에 대한 지원을 강화하기 위해 무엇을 해야 하는지를 늘 배우고 있습니다.

본 육성 계획에 대한 의견이나 정부에 바라는 점이 있으시면 언제든지 socialenterprise@cabinetoffice.x.gsi.gov.uk로 저에게 연락을 주셔서, 이 육성 계획과 정부가 해야 할 일에 대한 여러분의 의견을 전해 주시기 바랍니다.

저는 사회적기업들이 향후 몇 년간 영국을 더 나은 방향으로 크게 변화시킬 능력이 있다고 확신합니다. 정부는 여러분이 이를 실현하도록 돕고자 합니다. 또한 저는 여러분과 함께 일할 수 있는 기회를 가지게 된 것에 대해 감사드리고 싶습니다.

에드 밀리밴드

Ed Miliband

차례

사례연구

전문 요약

정부가 후원하는 영국의 사회적기업 부문은 전 세계에서 가장 역동적이고 성공적인 수준이며, 그 범위와 규모가 점차 확대되고 있다. 현재 영국에는 55,000여 개의 사회적기업이 있는데 정부는 수천 개가 더 설립되어 번창할 수 있는 환경을 조성하고자 한다.

정부의 비전은 보다 강력한 경제와 공정한 사회에 기여하는 역동적이고 지속가능한 사회적기업이다.

변화의 힘이 되는 사회적기업

사회적기업은 보다 나은 사회 건설을 위해 사회를 변화시키는 데 기여하고 있다. 사회적기업의 주된 설립취지는 사회적 또는 환경적 목적을 주로 추구하며, 수익의 대부분을 해당 사업 또는 지역사회에 재투자한다. 사회적기업은 지역사회에 기반한 소규모 상점부터 수백만 파운드에 달하는 계약을 수주하는 대기업에 이르기까지 매우 다양하다. 사회적기업의 연간 총매출은 270억 파운드 이상이며, 매년 GDP에 공헌하는 금액이 80억 파운드 이상을 차지한다.

사회적기업은 어떻게 사회에 공헌하는가?

- 사회가 안고 있는 가장 뿌리 깊은 사회적, 환경적 문제를 해결하고자 한다.
- 윤리적 시장의 새로운 기준을 정립함으로써, 기업 책임의 잣대를 강화한다.
- 공공 서비스 개선을 위해 서비스를 입안하고, 새로운 접근법을 시도한다.
- 기업활동의 차원을 넓힘으로써 새로운 사람들의 기업활동 참여를 유도한다.

지원자로서의 정부의 역할

정부가 직접 사회적기업을 세우는 것은 아니다. 사회적기업가들의 추진력 있는 열정과 사업적 혜안은 그들의 결단력에서 비롯된다. 그러나 정부는 사회적기업 및 그 대표 단체들과 협력하여 사회적기업이 번창할 수 있는 환경을 조성할 수 있으며, 사회적기업을 좌절시킬 수 있는 시장 실패를 해결할 수 있다.

새로운 조사결과에 따르면, 근로자 고용사업체 중 적어도 55,000개의 기업들이 스스로를 정부가 정의하는 사회적기업에 해당한다고 보는 것으로 나타났다. 정부는 더 많은 사람들이 사회적기업을 이해하도록 돕고, 잠재적 투자자와 고객들을 대상으로 사회적기업에 대한 인식을 제고하며, 사회적기업이 기업 지원과 금융서비스를 받을 수 있도록 하고, 사회적기업을 공공 서비스 이행에 포함되도록 함으로써, 사회적기업들이 성공할 수 있는 환경을 조성하고자 한다.

구체적인 계획은 다음과 같다.

1. 사회적기업 문화육성

사회적기업 활동에 대한 증거기반 구축 및 이들 기업의 영향력에 대한 인식을 제고하고 성공적인 역할 모델을 홍보함으로써 신규 사회적기업, 고객, 금융기관 및 지원기관의 참여를 유도할 것이다.

이를 위해서

a. 내각사무처(제3섹터청)는 사회적기업연합(Social Enterprise Coalition) 및 이 분야의 다른 관련단체와 협력하여, 보다 많은 사람들이 사회적기업을 인지하고 이해할 수 있도록 할 것이다.

b. 제3섹터청은 사회적기업 부문과 협력하여 사회적기업에 대한 인식을 높이기 위해 20명의 사회적기업 홍보대사를 임명하는 프로그램을 개발할 것이다.

c. 제3섹터청과 통상산업부(Department of Trade and Industry, DTI)는 '엔터프라이즈 인사이트(Enterprise Insight)'가 사회적기업 부문과 협력하에 실시하고 있는, 청년층에 대한 사회적기업 홍보캠페인인 '성공하라: 삶을 변화시키라(Make Your Mark: Change Lives)'를 지원할 것이다.

d. 교육기술부(Department for Education and Skills, DfES)는 제3섹터청의 지원하에, 사회적기업에 대한 강화된 안내 자료가 학교에 배포되도록 하고, 학교가 사회적기업을 이용하는 모범사례를 널리 홍보할 것이다.

e. 정부는 사회적기업의 사업 모델이 GCSE, A레벨 및 다른 경영학 교과과정들에 있어서 높은 평가를 받아야 한다고 믿는다. 제3섹터청과 교육기술부는 자격증 및 교육과정평가원(Qualification and Curriculum Authority)과 협력하여 사회적기업의 사업모델을 GCSE 경영학 요강 및 A레벨과 다른 경영학 과정에 완전 통합시키는 최선의 방법을 모색할 것이다.

f. 교육기술부는 고등교육을 통해 사회적기업에 대한 학습을 제공하고

홍보하는 새로운 방안을 모색할 것이다. 제3섹터청은 교육기술부와 졸업생 기업가교육 국가위원회(National Council for Graduate Enterpreneuship)를 지원하여 대학생들에게 졸업 후 진로로서의 사회적기업을 잠재적 직업으로 홍보할 것이다.

g. 제3섹터청과 통상산업부의 중소기업국(Small Business Service)은 사회적기업 부문이 경제, 사회, 환경에 미치는 영향에 대한 더 많은 증거를 수집하기 위한 새로운 연구사업 프로그램을 신규 개발할 것이며, 제3섹터청은 사회적기업과 윤리적 소비자시장, 그리고 윤리적 소비자시장이 사회적기업에 미치는 영향에 대한 연구의 검토를 의뢰할 것이다.

h. 사회적기업과 일반 민간 부문에 연계를 활성화하기 위해서, 제3섹터청은 협력을 통한 실질적 기업이득을 더 많은 대중에게 제공하는 것에 대한 매치위너즈(Matchwinners)의 메시지를 널리 알릴 것이다. 여기에는 사회적기업과의 상업활동을 추진하는 동력에 대한 일반 기업 경영인들과의 토론이 포함될 것이다.

2. 사회적기업가에 대한 정보 및 조언 제공

사회적기업이 해결해야 하는 과제 중 상당수는 일반 기업의 과제와 다를 바 없지만, 사회적기업은 상업적 목적 외에도 사회적 또는 환경적 목적을 가지고 있기 때문에 사회적기업의 과제는 더 복잡해질 수 있다. 따라서 사회적기업은 사업성과 그리고 이를 통한 사회적 영향력을 최대화하기 위해 적절한 지원을 받을 필요가 있다. 중요한 것은 전문가들의 지식과 일반 지원채널을 연계해서 사회적기업이 시장 또는 정부사업을 통해서 필요한 지원을 받을 수 있도록 하는 것이다.

이를 위해서

a. 제3섹터청은 2007년 4월부터 지역개발기구(Regional Development Agencies:

RDA)에 추가적인 자금지원을 함으로써 사회적기업들에 대한 기업 지원을 중개하는 비즈니스 링크(Business Link)의 역량은 강화할 것이며, 이때 범정부 차원의 기업 지원 간편화사업과 일관되게 할 것이다. 2007/08년도 초기 시범단계에서는 지원금은 50만 파운드부터 시작하고, 그 이후로 해마다 증가해 180만 파운드에 이를 것이다. 지역개발기구는 전문지원기관 등을 포함하는 이해 당사자들과 협력하여 이 자금지원이 해당 지역 사회적기업들의 요구를 충족시킬 수 있도록 본 지원금을 사용할 수 있게 할 것이다.

b. 통상산업부는 **www.businesslink.gov.uk/socialenterprise** 상의 사회적기업 정보와 안내를 개선함으로써, 이 웹사이트를 사회적기업을 위한 단일 정보원으로 성공적으로 구축할 것이다.

c. 커패써티빌더즈(Capacitybuilders)는 사회적기업 기반구조에 대한 지원을 체인지업(ChangeUp)의 목표를 달성하기 위한 새로운 전략 계획 속에 완전히 통합할 것이며, 해당 전략 계획의 연례평가에서 사회적기업의 영향에 대한 보고를 행할 것이다.

d. 제3섹터청은 유관기관과의 협력을 통해 전국단위, 지역단위, 시/군단위, 하위지역별 및 분야별 사회적기업 네트워크를 파악할 것이다. 그 후 규정상 결함이 있다면 이를 해결하기 위한 조치를 취할 것이다.

e. 제3섹터청은 통상산업부와 교육기술부의 지원을 받아 사회적기업이 필요로 하는 구체적인 기술수요와 그것이 일반 기업교육 및 훈련네트워크와 기관을 통해 충족되는지 여부를 파악하기 위한 검토작업을 의뢰할 것이다.

3. 사회적기업의 적절한 자금 조달지원

사회적기업은 성장 단계별로 적절한 자금 조달을 필요로 한다. 정부는 투자자들의 사회적기업에 대한 투자를 가로막거나 사회적기업의 적절한 자금 조달을 가로막는 장애물을 해소해야 한다.

이를 위해서

a. 제3섹터청은 사회적기업에 대한 투자자금 최대 1천만 파운드를 마련하되, 본 자금을 활용하는 최선의 방법에 대하여 사회적기업 부문 및 금융 부문과 협의해야 한다.

b. 제3섹터청과 통상산업부 중소기업국은 지역개발기구 및 사회적기업 부문과 협력하여, 사회적기업들을 위한 금융관련 훈련사업을 본격적으로 실시할 것이다.

c. 통상산업부 중소기업국은 꼭 알아야 할 기업재무 안내서(No Nonsense Guide to business finance)의 다음 호에 사회적기업을 더 많이 포함시키는 등 기존의 '자금이용 지원을 위한' 정부의 개입 조치에 사회적기업을 포함시킬 것이다.

d. 재무부와 제3섹터청은 공동으로 중소기업국과 국세관세청과 협력하여 지역사회 투자 세금감면(Community Investment Tax Relief) 및 다른 인센티브 제도들의 운영이 사회적기업에 이익이 되도록 개선하는 방법을 검토할 것이며, 2007 예산안에서 그 추진경과를 보고할 것이다.

4. 사회적기업과 정부 간의 협력지원

사회적기업은 경제의 모든 부문에서 활동한다. 그 중 공공 부문이 주요 서비스 위탁자가 되는 보건의료 및 사회복지, 지역사회 교통 및 폐기물관리 등의 부문에서 상당수의 사회적기업들이 활동하고 있다. 사회적기업에게는 공공서비스 조달을 의뢰하는 공무원들이 사회적기업을 잠재적 공급자로 인식하고, 선진 관행의 이행을 막는 장애물을 효과적으로 제거함으로써 정부가 유능한 사업파트너의 역할을 하는 것이 중요하다. 상업시장이나 또는 소비자 시장에서 활동하지만 고용창출 및 서비스제공을 통해 상당한 공공이익을 창출하는 사회적기업의 경우에는 정책입안자들이 이들 기업의 역할을 인지하는 것이 중요하다.

이를 위해서

a. 정부는 올 하반기에 제3섹터청에 의해 출간된 범정부적 제3섹터 공공서비스 육성을 위한 부처 간 계획을 이행할 것이다.

b. 제3섹터청은 북동지역우수센터(North East Regional Centre of Excellence)와 협력하여 사회조항의 사용에 대한 장벽을 해소할 것이다. 예를 들면 중요한 사회적 결과물에 대한 몇 가지 기본적 사회조항을 개발함으로써 사회적기업의 이용을 가능하고 집중할 수 있게 하는 수단으로 사용할 것이다. 제3섹터청은 또한 서비스 위탁자 중 사회조항을 혁신적으로 사용하고 있는 기관들과 협력함으로써 그들의 경험과 사회조항 이용에 수반되는 비용에 관해 배우고, 이를 통해 선진관행을 도출할 것이다.

c. 정부 각 부처는 공공 서비스를 제공하는 사회적기업들에 대한 장벽을 극복하기 위해 노력하고 있다. 예를 들면, 환경식품농업부(Department for Environment, Food, and Rural Affairs: Defra)는 2006년 말 전에 수정된 잉글랜드 지역 폐기물관리 전략을 발표할 것이며, 여기서 지속 가능한 폐기물관리에 있어 사회적기업의 역할 증대를 위한 사회적기업 정책 및 방안들이 설명될 것이다. 보건부는 위탁자의 요구에 대한 반응으로 사회적기업들이 보건의료 및 사회복지서비스 시장에 진입하는 것을 지원하고 있다.

d. 올림픽위원회는 한 예로 계약의 공개입찰을 보장하는 조달정책 등을 펼침으로써 2012년 런던올림픽경기를 치르는 데 사회적기업들을 포함한 다양한 협력업체들이 기여할 수 있도록 노력하고 있다. 제3섹터청은 올림픽과 관련한 사회적기업의 사업성공을 위한 기회를 파악

하기 위해 연구를 의뢰한 상태이며, 런던개발기구(London Development Agency: LDA)는 사회적기업을 포함한 신규사업을 지원함으로써 기업활동을 통해 실업자를 재취업시키고자 한다.

e. 지역사회지방정부부(Department for Community and Local Government: DCLG)는 제3섹터청, 환경식품농업부 및 통상산업부와 협력하여 성공적인 관행에 대한 사례연구를 활용해서 일반 재건자금을 지속 가능한 사회적기업 해결책을 개발하는 데 사용할 수 있게 하는 방법을 모색할 것이다.

f. 지역사회지방정부부는 지방정부를 대상으로 '환수(clawback)' 지침을 내리고 이를 홍보할 것이다. 여기에는 자금지원 주체가 양도된 자산에 대해 얼마만큼의 지분을 가지고 있어야 하는지도 명시된다.

g. 2007년 4월부터 제3섹터청은 전략적 파트너 프로그램을 확대하여 국가적 차원의 사회적기업 대표단체들을 지원하기 위해 3년 동안 매년 80만 파운드를 제공함으로써 사회적기업이 스스로의 인지도를 높이고 공공 정책에 영향력을 행사할 수 있도록 할 것이다.

성과측정

정부정책의 성공을 측정하는 기준은 다음과 같다.

- 연례 중소기업조사(Annual Small Business Survey) 결과 사회적기업의 수가 증가한 것으로 나타나는가?
- 중소기업국의 가계조사 결과 더 많은 사람들이 사회적기업을 알게 된 것으로 나타나는가?
- 사회적기업들이 성장에 대한 장애물이 줄었다고 보고하는가?

지속적인 노력

이 계획은 사회적기업에 대한 정부의 지속적인 지원의 다음 단계이다. 2002년 전략을 펴낸 이래, 정부는 공동체이익회사(community interest company)라는 새로운 법률적 형태를 창출했고, 사회적기업의 인지도를 높이기 위해 정부와 협력함에 있어서 이 부문을 대표해 하나의 목소리를 낼 수 있는 사회적기업 연합(Social Enterprise Coalition)의 설립을 지원했다.

이 계획은 사회적기업을 지원하는 정부의 역할을 나열하고 정부지원의 다음 단계에 취해질 행동을 설명한다.

본 계획서에서 설명하는 이 행동들은 과정의 끝이 아니다. 사회적기업에 대해 더 많이 알게 되면, 추가될 행동도 수정될 행동도 생길 것이다. 정부와 사회적기업 부문은 서로의 지식 간에 갭이 잔존하고 있음을 인정하고, 어떻게 증거기반을 구축할 것인지를 확인할 필요가 있다.

재무부와 제3섹터청은 2007년 종합지출 보고서에 포함시키기 위해 현재 제3섹터의 사회, 경제적 재건 측면을 검토하는 중이다. 이 보고서는 정부가 사회적기업 부문과 가진 최대 규모 토론의 결과를 반영하며, 본 육성 계획은 이 토론에서 제기된 사안 중 몇 가지에 대한 초기 대응을 포함한다.

정부는 사전예산보고서를 발표할 즈음에 토론의 구체적인 내용과 정부지원의 다음 단계를 설명할 것이다.

이 육성 계획의 이행은 협력적인 과정이 될 것이며, 이에 대한 의견은 언제나 환영한다.

- 이메일: **socialenterprise@cabinet-office.x.gsi.gov.uk**
- Social Enterprise Unit 사회적기업 담당

  Office of the Third Sector 제3섹터청

  Cabinet Office 내각사무처

35 Great Smith Street 그레이트 스미스 가 35

London SW1P 3BQ 런던 SW1P 3BQ

■ 웹사이트: **www.cabinetoffice.gov.uk/thirdsector**

사회적기업가들이나 사회적기업의 설립을 희망하는 사람들은 **www. businesslink.gov.uk/socialenterprise**에서 도움을 받을 수 있다. 이 웹사이트는 모든 분야의 기업에 대한 자문을 제공하며 사회적기업 부문이 개발한 웹사이트와 자료 등을 포함하는 추가적인 정보원에 대한 링크와 연결되어 있다.

영국의 사회적기업에 대한 정보는 사회적기업연합 웹사이트 **www. socialenterprise.org.uk**를 참조하면 된다.

또한 **www.starttalkingideas.org**에서는 청년층을 대상으로 사회적기업을 홍보하는 캠페인에 관한 정보를 얻을 수 있다.

사회적기업이 중요한 이유

사회적기업의 이해

1 정부는 사회의 불공평과 사회적 배제와 같은 문제를 극복하려는 목적을 달성하는 데 사회적기업이 중요한 역할을 한다고 믿는다. 사회적기업의 핵심은 더 나은 사회를 만들고자 하는 강한 신념이다. 사회적기업 부문은 다양해서 개발신탁, 지역사회기업, 주택조합, 축구후원인신탁, 사회적회사, 레저신탁 및 협동조합이 이에 속한다. 따라서 사회적기업들은 다양한 법적 형태를 띠고 있다. 기업으로서 법인을 설립하는가 하면, 산업공제조합의 형태를 띠기도 한다. 영국 전역의 사회적기업들을 대표하는 전국적 통합 단체는 사회적기업연합(Social Enterprise Coalition)이다. (사례연구 1)

2 사회적기업들은 소규모의 지역사회 소유상점부터 런던사우쓰 뱅크(South Bank)의 코인스트리트 커뮤니티빌더스(Coin Street Community Builders)와 같은 대규모 개발신탁에 이르기까지 다양하다. 그러나 규모에 관계없이 사회적기업들은 사회적 책임과 상업적 성공을 결합하는 것이 가능함을 입증

정의 1 사회적기업이란?

사회적기업은 사회적 목적을 우선적으로 추구하는 기업으로서, 주주와 소유주를 위한 이윤 극대화를 추구하기보다는 창출된 수익을 주로 기업 자체 또는 지역사회에 재투자하는 기업을 말한다.

해 주고 있다. 이들 기업은 민간 부문의 윤리적 기준을 세우고 서비스제공의 혁신을 통해 공공 부문에 도전한다. 모든 사회적기업들의 공통점은 상업적 목표와 사회적 또는 환경적 목표를 동시에 추구하려고 노력한다는 점이다.

3   사회적기업들은 비정부 단체이면서, 이윤의 대부분을 지역사회나 조직단체에 재투자함으로써 사회적 또는 환경적 이익을 창출하고자 하는 모든 영역을 포함하는 '제3섹터'에 속한다. 제3섹터는 자발적 지역사회 단체, 자선단체, 사회적기업, 상호회사, 협동조합을 포함하는 개념이다.[1]

4   사회적기업의 기원은 1844년 로치데일(Rochdale) 선구자들의 협동조합 운동으로 거슬러 올라간다. 당시 이들이 설립한 협동조합은 가장 이른 시기의 것에 속한다. 또한 역사적으로 많은 자선단체들도 소매상점이나 정부와의 거래 등으로 소득을 늘리고자 했다. 그러나 사회적기업을 거래를 통해 사회적 또는 환경적 목적을 달성하고자 하는 단체조직으로 인정한 최초의 정 부문서는 1999년 출판된 '기업과 사회적 배제(Enterprise and Social

---

1   재무부, 통상산업부, 내부무(2005년 2월)의 '공공 서비스 개혁에 있어서의 제3섹터의 역할 탐구'에 나타난 사회적기업의 정의 참조.

Exclusion)'[2]이다. 이 보고서는 빈곤 지역의 활성화에 있어서 사회적기업의 역할과 잠재적 기여를 다룬다.

5 지금 사회적기업은 그 어느 때보다도 더 잘 알려져 있다. 2006년 초 정부는 사회적기업을 포함하는 방향으로 일반 기업 조사를 확대했다. 이를 통해 전체 경제에서 사회적기업이 차지하는 비중에 대한 새로운 정보를 얻을 수 있었다.[3] 조사결과 최소 55,000개의 근로자 고용사업체가 정부가 정의하는 사회적기업에 해당하는 것으로 나타났다.[4] 이는 근로자 고용사업체 전체의 약 5%에 해당하며, 이 기업들의 총매출은 약 270억 파운드로 전체 근로자 고용사업체 총매출의 1.3%를 차지한다. 이 기업들의 GDP 기여는 84억 파운드로 추정된다.

6 2005년 7월 발표된 한 이전 조사에는 사회적기업 부문의 일부에 대한 보다 자세한 분석이 실려 있다. 보증유한회사와 산업공제조합에 초점을 맞춘 이 보고서는 대부분이 소규모 조직이라는 점을 발견했다. 즉, 전체의 23%는 연 매출 규모가 10만 파운드 미만이었으며, 5개 중 1개 단체는 연 매출 규모가 100만 파운드 이상이었으나, 중간값은 285,000파운드였다.[5]

7 이 조사 결과 사회적기업들은 훈련, 사회적 돌봄, 주거, 레저, 무의탁 아동보호 등 여러 분야에서 광범위한 경제 활동에 참여하고 있음이 확인되었다.

8 사회적기업의 다양성은 다양한 역사에서 반영된다. 다양한 모델들이 다

---

2 국가 지역재건 전략 : 정책실행팀 3(1999) 기업과 사회적 배제. 런던: 재무부

3 추가 정보는 www.cabinetoffice.gov.uk/thirdsector를 참조

4 중소기업국(2006a)의 2005 연례 중소기업 조사자료에 근거한 추정. 런던: 통상산업부, IFF 리서치(2005)의 영국 사회적기업 조사를 바탕으로 한 대규모의 기업자료. 런던: 중소기업국

5 IFF 리서치(2005)의 영국 사회적기업 조사. 런던: 중소기업국. 이 조사는 사회적기업들이 택하는 기업형태 중 보증유한회사와 산업공제조합 두 가지에 초점을 맞추었다. 그러므로 전체 사회적기업 수보다 적을 수 있지만, 사회적기업의 구성에 대해서는 중요한 세부정보를 제공한다.

양한 상황에서 어떻게 운영되는지에 대한 증거는 더 많이 필요하지만,[6] 사회적기업의 설립방식은 대체로 다음과 같다.[7] 개인이나 공동체가 주도하는 기업 설립, 기존의 자발적 또는 지역사회 단체의 변형, 자발적 또는 지역사회 단체로부터 분사, 근로자 또는 공동체의 민간 기업 매수 후 사

---

6 제3섹터의 증거와 관련된 이 같은 사안들은 재무부/내각사무처의 경제 및 사회 재건에 있어서의 제3섹터 검토에서 더 심도 있게 다루어지고 있다.

7 Bates, Wells & Braithwaite와 사회적기업 런던(Social Enterprise London)(2003)의 합법적으로 하기: 사회적기업의 법적 형태(Keeping it Legal: Legal Forms for Social Enterprise), 런던: Social Enterprise London 참조.

서포터즈 디렉트(Supporters Direct: SD)는 축구경기장 개선기금으로부터 2007/08년에 시작되는 3년 이상의 기금 180만 파운드를 확보했다. 이 기금지원으로 SD는 여러 트러스트들과 협력하여 몇몇 축구클럽의 운영에 있어서 근본적인 변화를 가져올 수 있게 되었다. 그 방법은 새로운 공동체 소유권 구조를 가져와 경기장의 핵심 지역 서비스들을 재배치하고 공급하는 것이다. **www.supporters-direct.org**

AFC 텔포드사(AFC Telford Utd Ltd)는 텔포드 지역의 축구를 유지하겠다고 스스로에게 그리고 공동체에 공언한 축구클럽의 써포터즈들에 의해 결성되었다. 지역정부의회가 클럽과 제휴를 맺고 경기장 개발을 적극적으로 도왔다고 설명하면서, 텔포드 레킨 지역정부의회(Telford and Wrekin Council) 재건 관리자 마크 도나본은 "이 클럽은 협동조합처럼 100% 공동체 소유"라고 말한다. 민간 기업들, 자발적 단체들 및 지역사회 단체들과 연계해, 이 클럽은 ICT 룸, 취약 아동프로젝트 및 매년 수천 명의 어린 학생들이 역동적인 스포츠 환경을 활용하여 수리, 언어, 컴퓨터능력을 개발하게 할 프로젝트의 중심이 될 학습센터 등 지역사회를 위해 다양한 시설과 서비스를 개발해 왔다. **www.telfordutd.co.uk, www.tust.org**

회적 목적 채택(사례연구 2), 공공 기관으로부터 분사.

사회적기업의 영향

9 정부는 사회적기업이 보다 공정하고 공평한 사회구현이라는 국가적 비

[그림 1] 사회적기업의 공헌

사회적 필요 충족
- 사업의 성공을 사회적, 환경적 목표를 위해 사용
- 소외된 계층을 위해 기회와 기술 제공. 경우에 따라서는 복지수당에의 의존을 탈피할 수 있도록 지원

윤리적 시장 확산
- 윤리적 소비주의가 증가함으로써 주도되는 새로운 시장에 대한 부응
- 공정 무역 등 선구적인 윤리 관행을 채택함으로써 기준을 높임

보다 강력한 경제와 공정한 사회 정의 실현에 기여하는 역동적이고 지속 가능한 사회적기업

공공 서비스 개선
- 서비스 디자인을 개발하고 새 접근법을 개척하며, 서비스 공급 계약을 수주함

기업활동의 증가
- 사회나 환경에 변화를 주고자 하는 새 기업가들을 유도
- 여성, 취약계층, 청년층이 보다 많이 사업을 설립하도록 권장

전 및 상당수의 주요 목표에 기여하고 있음을 인정한다.[8]

구체적인 기여 내용을 보면…

- 상업적 성공을 재건이나 사회적 포용과 같은 사회적 또는 환경적 문제 해결에 이용함으로써 사회적 필요를 충족시키며,

- 윤리적 시장을 확산하고, 기업의 사회적 책임에 대한 잣대를 높이며,

- 서비스 디자인을 개발하고 새로운 접근법을 개척하며, 다양한 서비스를 공급함으로써 공공 서비스를 개선하고,

---

8 지역사회지방정부부의 목표 Ⅰ(가장 빈곤한 공동체를 되살리고, 사회적 배제를 줄이고, 사회의 가장 취약한 계층을 지원함으로써 문제를 해결), 노동연금부의 목표 Ⅰ, Ⅱ, Ⅳ(각각 아동 빈곤, 고용, 장애인에 대해서), 통상산업부의 공공 서비스 계약 6(기업 사회 건설 관련에 대해서)을 충족시킬 뿐 아니라 구체적인 공공 서비스에 기여를 포함함.

"15년 전에 우리는 문제가 있는 사람들이 그 해결책의 일부가 되도록 시작했습니다. 우리는 그 사람들에게 스스로 돈을 벌 수 있는 기회를 줬습니다. 우리는 계속해서 그들로 하여금 희생자라는 위치에서 벗어날 수 있도록 함으로써 그들에게 독립적인 삶을 만들어 주고 있습니다." **빅 이슈(The Big Issue)의 설립자이자 편집장 존 버드가 말한다.**

■ 윤리적 목적과 사업의 성공이 결합될 수 있음을 보여 줌으로써 기업활동의 차원을 높인다.

사회적기업은 사회적 · 환경적 필요의 충족을 돕는다

10 사회적기업가들은 사회를 더 나은 방향으로 변화시키겠다는 의지를 가지고 있다. 사회적기업들은 지속 가능한 사업의 힘을 활용해 사회적 필요를 충족하고 빈곤지역 재건을 돕는다.

11 2005 사회적기업 조사에서 확인된 점은 다음과 같다. 조사 대상의 17%가 사회적기업의 주요 목적이 환경보호에 있다고 답했으며, 34%는 고용, 상품, 서비스의 공급을 통해 환경과 사람을 모두 돕는다고 답했으며, 49%는 사람들만을 돕는다고 했다.[9] 특히 1/4은 사회적으로 배제된 계층에 고용기회를 제공 또는 중개함으로써 사람들을 돕는다고 답했다(사회적기업의 8%). 사례연구 3은 장기 실업자들에게 일자리와 훈련을 제공함으로써 국고에 크게 기여하는 사회적기업, 뉴라이프(Newlife)의 예를 보여 준다.

12 사회적기업은 또한 지역사회 재건에도 기여할 수 있다. 2005년 조사 결과 전체 사회적기업의 절반 이상이 가장 빈곤한 40% 지역에서 활동하는

---

9 IFF 리서치(2005) 전게서 중에

뉴라이프(Newlife)는 레스터(Leicester)에 위치한 건설회사로 장기 실업자들과 학교 중퇴자들에게 고용과 훈련을 제공한다. 중소기업국은 북부 브라운스톤(Braunstone)의 204개 주택을 보수하는 뉴라이프 사업의 비용/효과 분석을 실시했다.

중소기업국은 위 대상계층이 취업을 하게 되면 연간 1인당 구직보조금과 주거/의회 세금 혜택 약 3,500파운드를 절감할 수 있다고 추정했다. 즉 위 사업은 연간 약 77,000파운드의 국고 절감 효과를 가져올 수 있다.

뉴라이프의 훈련과 고용 결과, 각 근로자의 평생소득능력이 증가할 것이다. 근로자당 연간 약 2만 파운드의 이익이 예상된다. 평생소득능력 증가로 인한 누적 이익은 연간 약 45만 파운드로 추정된다.

중소기업국은 구직보조금 절감과 평생소득 증대 및 기타 이익(추가 설명은 www.cabinetoffice.gov.uk/thirdsector 참조)을 고려할 때, 뉴라이프 사업의 총 순이익은 연간 약 61만 파운드에 달할 것이라고 추정했다.

www.newlife-build.co.uk

것으로 나타났다.

사회적기업은 윤리적 시장을 장려한다

13 사람들의 태도가 변화하는 증거가 나타나고 있다. 소비자들과 근로자들

이 점차 기업이 사업활동을 하면서 높은 수준의 사회적, 환경적 책임을 보여 주기를 기대하고 있다. 2003~2004년에 '윤리적 소비'(인권이나 환경 같은 특정한 윤리적 사안에 대한 정보를 바탕으로 이루어지는 구매의사결정)는 15% 성장해, 258억 파운드가 되었다.[10] 1999~2004년에 기업의 책임에 대한 평판에 근거해 상품이나 서비스를 선택했다고 답한 사람들은 51%에서 62%로 증가했다.[11]

14 사회적기업들은 윤리적 소비주의의 증가에 부응하는 새로운 시장의 선구자가 되어 왔고, 또 미래의 성장에도 적절히 대처할 수 있는 위치에 있다. 이익을 개도국 농부들에게 돌려주는 커피의 공정 무역 원칙은 1991년 까페디렉트(CaféDirect)에 의해 처음 개발된 것으로, 그 후 몇몇 일반 공급자들이 이 방법을 채택했다. 1999~2004년에 공정 무역 마크가 붙어 있는 식품 매출은 640% 이상 증가했다.[12] 노쓰웨스트의 기업들에 대한 조사에서는 기업 책임감은 가능한 것을 실현함으로써 가장 잘 개선될 수 있다는 점, 즉 '조직들은 서로 배움으로써 가장 큰 영감을 받고 가장 동기 부여가 잘된다'는 것이 밝혀졌다.[13]

사회적기업은 공공 서비스를 개선한다

15 사회적기업이 활동하는 시장 가운데 상당수는 공공 부문이 주요 고객이다. 중소기업들로부터의 공공 부문 조달에 대한 중소기업국의 조사에는

---

10 협동조합은행(The Co-operative Bank), 신경제재단(New Economics Foundation), 미래재단(The Future Foundation) (2005) 2005 윤리적 소비주의 보고서. 런던: 협동조합은행

11 같은 책

12 같은 책

13 지속가능성 노쓰웨스트(Sustainability Northwest)(2005)책임감 노쓰웨스트(Responsibility Northwest): 더 나은 노쓰웨스트를 위해 협력하는 기업들(Businesses Working Together for a Better Northwest).
맨체스터: 지속가능성 노쓰웨스트(Manchester: Sustainability Northwest)

수양아동 양육공동체(Community Foster Care: CFC)는 영국 전역에 걸쳐 부족한 위탁양육자의 수가 10,000명 이상으로 추정되는 사회적 돌봄 시장을 다양화하기 위해 활동하는 사회적기업이다. CFC는 지방 당국에 의해 위탁된 '보호대상 아동'을 위해 위탁양육자를 제공함으로써, 위탁양육자 시장의 간극을 메우려는 독립 기관이다. CFC는 주로 글로스터셔(Gloucestershire)의 사회적, 경제적으로 낙후된 지역주민들에게 일자리를 제공해 왔다. CFC는 위탁양육자들을 모집해 상시 훈련과 지원을 통해 국가 수양 서비스 최저 기준, 2002 수양 서비스 규정, 2000 돌봄 표준법이 요구하는 높은 수준에 부합하도록 한다. 보통 사회 서비스 기관들은 가정 내 보호자가 아이를 맡을 수 없을 경우에는 CFC와 같은 단체에 연락만 하고, 아이를 맡기는 기간에 대해서만 보육료를 지불하기 때문에 CFC는 재정적 부담을 안고 있다. CFC는 자체 사업 모델을 반복 실험해 보는 방안을 검토 중이다.

www.communityfostercare.co.uk

2002년에 설립된 **빅라이프 그룹**(The Big Life group)은 사람들의 삶을 변화시키는 것을 돕고, 이를 위한 지원 및 기회 창출을 위해 협력하는 사회적기업들과 자선단체들의 모임이다. 이 그룹은 약 220명을 고용하며, 2003/04년도 총수익매출은 830만 파운드였었는데 그중 보조금은 5% 미만이었다. 소득원은 주로 보건의료서비스 계약, 구직센터 플러스 서비스(Jobcentre Plus), 북부지역의 《빅 이슈(The Big Issue)》 잡지의 광고 및 잡지 판매수익 소득, 육아 서비스 제공에 대해 부모로부터 받는 보육료이다. 이 단체의 육아 서비스는 또한 이 분야에서 일하고자 하는 지역 주민을 대상으로 인증된 훈련을 제공하는 사업까지 확대된다. 이 단체는 또한 보건의료 및 아동 센터로의 사업확장 기회를 주시하고 있다.

www.thebiglifegroup.com

"저는 사회적기업이 아주 흥미로운 분야라고 생각해요. 다른 것은 하고 싶지 않아요. 저를 활기차게 하고 역동적이에요. 그래서 자선법부터 마케팅과 판매에 이르기까지 기업활동의 모든 부분을 배우고 있어요. 하지만 중요한 것은 수익이 최고가 아니라는 점이죠. 나 자신이 하는 일에 대해서 수익 외에 다른 원동력과 열정이 있어요. 아주 실질적으로 변화를 만들어 가기 때문이죠."

에이미 카터(26세) 비스포크 익스피어리언스(Bespoke Experience) 공동 설립자이자 2006 에지 업스타트 상(Edge Upstart Award) 청년 사회적기업가 부문 수상자

사회적기업들이 어떻게 계약을 수주하고 성공적으로 이행하는지가 잘 나타나 있다.[14](사례연구 4)

16 최적의 상태일 때 사회적기업은 이용자들과 긴밀히 교류하며 신뢰를 쌓는 역량을 제공할 수 있다.[15] 사회적기업은 또한—직접 제공하지 않는 서비스를 포함해서—중요한 혁신의 원천이다. 공공 서비스는 사회적기업의 문제해결 정신으로부터 다음의 사실을 알게 된다. 사회적기업은 서비스를 입안함으로써 그리고 공공 부문이 서비스를 제공하는 방식에 영향을 주는 새로운 접근법을 개척함으로써 공공 서비스의 질을 향상시키는

---

14 중소기업국(2005) 중소기업으로부터의 공공 부문 조달의 이점에 대한 연구. 런던: 중소기업국
15 재무부(2005) 공공 서비스 제공과 개혁에 있어서의 제3섹터의 역할 탐구. 런던: 재무부

데 도움을 줄 수 있다.

사회적기업은 기업활동의 전반적 수준을 향상시킨다

17 번영과 일자리를 창출해 내는 기업은 영국 경제의 핏줄과도 같다. 기업
활동을 장려하면 생산성과 경쟁력이 향상되고 효율성과 혁신이 개선됨
으로써 경제적 성공에 기여하게 된다. 영국의 기업활동의 수준은 다른
유럽연합(EU) 회원국들과 일본에 비해 앞서 있기는 하지만, 미국, 캐나다
같은 국가들과의 생산성 격차를 줄이기 위해서 영국은 새로운 사람들을
기업으로 끌어들여야 한다.

18 사회적기업은 창업 기업의 수준에 크게 기여할 수 있다. 일반 기업에 매
력을 느끼지 못한 사람들이면 사회적기업의 설립에 더 관심이 많을 수도
있고, 사회적 변화를 바라는 젊은이들의 열망을 충족시킬 좋은 방법이
될 수도 있다.

19 글로벌 기업가정신 모니터(Global Entrepreneurship Monitor)의 연구 결과 여성
과 특정 소수인종 그룹의 경우 일반 기업가보다는 사회적기업가가 되고
자 할 가능성이 더 높은 것으로 나타났다.[16] (사례연구 6) 일부 지역의 경우에
는 일반 기업의 설립 및 운영 의향은 여성이 남성에 비해 절반도 되지 않
는 데 반해, 사회적기업을 설립하고 운영할 의향은 남성에 비해 여성이
더 높았다.

---

16 Harding, R, Brooksbank, D, Hart, M, Jones-Evans, D, Levie, J, O'Reilly, M, Walker, J(2004)
글로벌 기업가정신 모니터(Global Entrepreneurship Monitor): 사회적기업가들 중점분석(Focus on Social Entreprenuers). 런던:
London Business School. Harding, R and Cowling, M(2004) 사회적기업가 모니터(Social Entrepreneurship
Monitor). 런던: 런던 경영대학원(London Business School)도 참조

2006 엔터프라이징 솔루션 상(Enterprising Solution Awards) 최고 수상 기업인 **썬더랜드 재가요양연합**(Sunderland Home Care Associates: SHCA)은 지역정부 당국의 주거와 간호 제공 서비스의 규제 완화에서 비롯된 기회를 이용해 1994년에 설립된 사회적기업이다. 대부분 여성으로 이루어진 20명의 직원으로 시작한 SHCA는 이제 직원 수가 175명 이상(85%가 여성)이며, 연간 총매출액이 175만 파운드에 달한다.

SHCA는 썬더랜드 시의회를 대신하는 주요 간호 및 가사 서비스 제공업체이다. SHCA는 특히 노인과 장애인을 대상으로 특별한 맞춤 서비스를 제공함으로써 노인들과 장애인들이 집에 더 오래 머무를 수 있게 하는 데 초점을 둔다. 유연한 근로 정책으로 직원들은 일과 가정의 조화를 이룰 수 있어서, 연간 이직률이 예외적으로 낮은 3.5%를 기록하고 있다.

SHCA의 창립자인 마가렛 엘리엇은 상을 수상하면서 다음과 같이 수상 소감을 밝혔다. '나는 이 분야에서 30년 이상 일해 왔고, 내가 진정으로 믿는 바를 위해 열심히 일했습니다. 나는 매일 이런 식의 일이 말 그대로 사람들의 삶을 바꾸어 놓는 장면을 목격합니다. 한 현명하고 자비로운 분은 '우리가 생각하거나 믿는 것은 결국에 가서는 별로 중요하지 않다. 중요한 것은 우리가 실천하는 것이다'라고 했습니다."

SHCA의 성공으로 그 사업 모델을 복제한 케어앤드셰어연합(Care and Share Associates)이 설립되었으며, 노쓰타인사이드, 뉴캐슬, 맨체스터에서도 유사 단체가 설립되었다.

www.casaltd.com

정부의 역할

20 사회적기업은 사회적, 환경적 목적의 추구를 위해 운영되는 기업으로, 목적 달성을 위해서는 상업적으로 성공해야 한다. 정부의 역할은 사회적기업을 설립하는 것이 아니라 사회적기업의 성공을 가능케 하는 환경을 조성하는 것이다.

21 정부가 이를 달성하는 주된 방법은 시장 실패 요인을 파악하고 이를 극복하도록 돕는 것이다. 많은 경우 여기에는 정보 부족의 극복이 포함된다. 정보에 근거한 적절한 선택을 하기에는 금융기관과 고객들이 사회적기업에 대해 가지고 있는 지식이 불충분할 수 있다. 개별 사회적기업은 수년간 존재해 왔지만 '사회적기업'이라는 용어와 거래를 통해 사회적, 환경적 목적을 달성한다는 개념은 아직 널리 알려지지 않았다. 이 점이 잠재적 사회적기업가들이 자신의 잠재력을 실현하거나 사회적 목적을 달성하는 데 방해가 될 수 있으며 투자자, 고객, 자문가들이 사회적기업들과 효과적으로 함께 일하는 데 장애가 될 수도 있다.

22 정부의 역할이 가장 중요한 4가지 분야가 있는데, 이 글의 초점도 거기에 맞추어져 있다.

■ 정부는 사회적기업의 잠재력에 대한 충분한 정보가 제공되는 문화를 육성할 수 있다. 정부는 증거기반을 구축하고, 역할모델을 홍보하며, 다른 단

체들과 협력하여 사회적기업이 가지는 영향력에 대한 정보를 배포하여 사회적기업 부문으로 신규 진입자들을 유치할 수 있다. 이를 통해 잠재적 설립자, 고객, 금융기관 및 자문가들 사이에 사회적기업의 위상을 높일 수 있다.

■ 정부는 사회적기업가들에게 올바른 정보와 조언이 제공되도록 할 수 있다. 기업에 대한 지원이 기업의 성과를 높인다는 증거가 있지만, 기업들은 기업 지원이 창출할 수 있는 가치를 잘 알지 못하거나 적절한 자문을 구하는 데 어려움을 겪을 수도 있다. 정부는 기업 지원 환경에 대한 표지판을 잘 세워 사회적기업을 포함한 모든 기업들이 최적의 자문을 위해 어디로 가야 할지 알 수 있도록 해야 한다. 정부의 접근법은 사회적기업이 이용할 수 있는 기업 지원 개입조치를 취하고 이러한 지원이 이용 가능하고 사회적기업에 적절하도록 하며, 사회적기업에 맞는 전문적 지원이 분명히 필요하다고 판단될 때는 주류 서비스와 최대한 연계되도록 한다는 것이다. 정부는 기업 상품과 서비스 수를 현재의 3,000개에서 2010년까지 100개 이하로 줄임으로써 기업 지원 환경을 단순화하고 있다. 이렇게 함으로써 모든 공공 기업 지원이 자금에 대한 가치를 창출하고 모든 기업의 이용 편의를 증진할 것이다.

■ 정부는 사회적기업의 적절한 자금 조달을 지원할 수 있다. 시장에 있는 자금과 기금의 형태는 자선 기부금부터 대출금에 이르기까지 다양하다. 정부의 역할은 시장 실패가 있을 경우 이를 해결하고, 건실한 사회적기업들이 필요로 하는 자금을 조달할 수 있게 하는 것이다. 사회적기업들 가운데 상당수가 대출 신청이 거절될 것이라고 생각하고 주식 구조가 없는 조직이 자기 자본을 조성하는 데 따르는 어려움 등 사회적기업들의 자금 조달에 있어 구체적인 장벽이 존재하는 것으로 보인다. 정부는 금융 부문 및 사회적기업 부문과 협력하여 해결책을 찾는

역할을 담당해야 한다.

■ 정부는 사회적기업들이 공공 부문과 함께 사업을 하고 정부와 협력함으로써 공동의 목표를 달성할 수 있도록 할 수 있다. 사회적기업은 민간 부문, 공공 부문, 제3섹터에서 개인들에게 서비스를 제공하면서 경제 전 분야에서 활동한다. 공공 부문이 주요 고객인 시장에서 활동하는 사회적기업들에게는 정부가 효과적인 협력자가 되는 것이 중요하다. 사회적기업들이 정부 계약을 수주하기 위해 공평하게 경쟁하는 것을 막는 구조적 장벽들은 제거되어야 하며, 공공 정책 입안자들은 정부의 목표를 달성하는 데 있어 사회적기업들이 담당할 수 있는 역할을 인식해야 한다.

정부의 사회적기업 전략 이행의 성과

23 정부는 사회적기업 부문과 긴밀히 협력함으로써 사회적기업에 대한 지원의 상당 부분을 이미 달성했다. 2002년 발표된 정부의 사회적기업을 위한 첫 전략은 사회적기업 양성을 위한 환경을 조성하고, 사회적기업이 더 나은 기업이 되도록 하고, 사회적기업의 가치를 높일 수 있게 하는 방법을 제안하는 것이었다.[17]

24 지금까지 정부의 사회적기업 전략의 영향을 평가한 한 독립적 검토[18]에서는 정부의 전략이 실시된 이래 상당한 진전이 있었다는 결론을 내렸다.(표 1)

25 전반적으로 이 보고서는 사회적기업 전략의 발전에 강력한 지지를 시사했다. 보고서는 정부의 전략이 다양한 이해 당사자들 사이에 관심과 행동을 자극했으며, 전략을 뒷받침하는 분석과 사회적기업 부문의 성장이라는 목적도 유효하다는 결론을 내렸다.

26 정부가 사회적기업 지원을 위해 실시한 주요 정책 성과는 다음과 같다.

---

17 통상산업부(2002) 사회적기업: 성공을 위한 전략(Social Enterprise: A Strategy for Success)

18 GHK(2005) 사회적기업 전략 검토: 결과 요약(Review of the Social Enterprise Strategy: Summary of Findings). 런던: 중소기업국

[표 1] 2002년 사회적기업 전략개시 이래 진전사항

사 안	독립적 검토 결과
사회적기업 부문 규모	응답자들은 사회적기업 부문이 성장했다고 답변
사회적기업에 대한 인지도	이름난 성공적인 사회적기업을 포함하여 사회적기업에 대한 인지도가 높아짐
사업 개선 및 발전	적절한 지원을 받을 수 있는 기회가 많아졌으며, 사회적 기업들을 지원하는 수단이 새로워지고 개선됨
사회적기업의 위상 제고와 신뢰도 향상	특히 정책 입안자들 사이에 사회적기업의 위상에 있어서 상당한 진전
증거기반 구축	사회적기업 부문에 대한 자료와 정보의 양적 증가와 질적 향상—특히 통상산업부의 영국의 사회적기업에 대한 조사(Survey of Social Enterprise in the UK)를 통해

■ 사회적기업에 대한 분명하고 규제가 완화된 구조를 제공하기 위해 공동체이익회사라는 새로운 법적 형태 만들기. 이렇게 되면 신규 또는 기존의 단체들이 자신의 사회적, 환경적 성격을 분명하게 알릴 수 있

정의 3 공동체이익회사(Community Interest Company)란?

COMMUNITY INTEREST COMPANIES

공동체이익회사는 의무적인 자산 동결과 주식 및 대출 자금 조달능력을 가지는, 정체성이 명확하면서도 유연한 기업구조를 가진다. 그 형태는 주식회사, 보증책임회사 또는 공기업이다. 신청을 위해서는 해당 기업이 누구를 어떻게 돕고자 하는지를 명시하는 공동체 이익 서류를 작성해야 한다. 여기서 자산 동결은 잉여 수익을 포함하는 회사의 자산이 회사의 설립 취지에 맞도록 해당 지역사회의 이익을 위해서 사용되거나, 다른 목적을 위해 제3자에게 양도될 경우 시장 가치가 온전히 유지되어야 함을 뜻한다. 한 공동체이익회사의 연례 보고서에서는 공동체이익회사 규제당국과 일반 대중을 대상으로 그해에 창출된 자금으로 성취한 것들을 설명함으로써 운영의 투명성을 보여 준다.

www.cicregulator.gov.uk

게 된다. 현재 500개 이상의 단체들이 공동체이익회사로 등록되어 있다. '정의 3'에 더 자세한 내용이 설명되며, 사례연구 7은 이 새로운 형태를 조기에 채택한 한 단체의 예를 보여 준다.

- 퓨처빌더즈 잉글랜드(Futurebuilders England)가 관리하는 1억 2,500만 파운드의 퓨처빌더즈 기금의 설립을 지원하고, 지역 개발 금융 기관인 중소기업국의 피닉스 기금(Phoenix Fund)을 활용해서 사회적기업들이 이용할 수 있는 자금 규모 늘리기.
- 사회적기업연합의 설립을 위한 자금 지원하기 및 엔터프라이즈 인사이트(Enterprise Insight) 및 사회적기업연합과 함께 사회적기업의 날(Social

사례연구 7

영국 최대의 공동체이익회사인 ECT 그룹은 다양한 고품질의 비용 효율이 높은 공공 서비스를 제공한다. 여기에는 재활용 및 지속 가능한 폐기물 관리, 거리 정화, 보건의료, 공공 및 지역사회 대중교통, 지역사회 철도, 자동차 및 철도 수리공 등이 포함된다. 거의 5천만 파운드에 달하는 매출과 1,100명 이상의 직원을 자랑하는 ECT 그룹은 영국의 우수 사회적기업이자 영국 최대의 지역사회 재활용 업체이다.

ECT 그룹의 목표는 분명하다. 우수하고, 사회적 책임을 다하며, 환경에 대한 의식이 있고, 재정적으로 지속 가능한 공공 서비스를 해당 지역사회에 제공하는 것이다.

스티븐 시어즈 ECT 회장은 공동체이익회사가 됨으로써 ECT가 수익성 있는 기업이 되었다고 믿으며, 공동체이익회사라는 브랜드가 사람들이 ECT의 사회적 공공 서비스 제공에 대한 접근 방식을 잘 인식하는 데 도움이 되기를 희망하고 있다.

www.ectgroup.co.uk

Enterprise Day)을 조직함으로써 사회적기업의 위상 높이기.

■ 다른 주요 후원자들과 함께, 2004년 이래 사회적기업연합이 시상해 온 엔터프라이징 솔루션(Enterprising Solutions) 상을 연례적인 권위 있는 전국적 상으로 발전시키기.(사례연구 8)

■ 지역개발기구와 협력하여 사회적기업의 지역 네트워크를 지원하고, 기업 지원 제공기관의 지식과 전문성을 향상시키기.

■ 성공적인 상업적 관계를 소개하는 매치위너즈(Match Winners)의 발간을 통해, 사회적기업과 일반 기업의 협력을 장려하기.

■ 지역 및 지방 정부를 통해 사회적기업 지원하기. 새로운 지역기업 성장사업의 1차 입찰에 통과한 기업 중에는 사회적기업도 포함되었으며, 잉글랜드 내 모든 지역개발기구의 새 기업계획(2005년 여름에 출간)에서도 사회적기업이 주목받고 있다. 마찬가지로 자치정부와 북아일랜

사례연구 8

엔터프라이징 솔루션 상
(Enterprising Solutions Awards)은 RBS 냇웨스트(NatWest)가 설립하고 정부가 승인한, 연례적으로 수여되는 전국적인 사회적기업 상이다. 이 상은 최고의 사회적기업, 즉 사회 변화를 위한 열정이 있고, 상상력이 넘치며, 기업가정신이 뛰어난, 지속 가능한 기업들을 인정하고 기념하기 위한 것이다. 규모와 법적 구조(자선단체, 비영리분배조직, 상호회사, 협동조합, 지역사회에 의해 또는 사회적으로 운영되는 조직 등)에 관계없이 어떤 사회적기업도 신청 가능하다. 설립 9년째인 이 상은 사회적기업 부문에 영감을 주는 모델을 제공하고, 성공적이고 혁신적인 사회적기업들을 전국 및 지역적 언론을 통해 소개되도록 한다.
www.enterprisingsolutions.org

드 정부도 자체적인 사회적기업 지원 전략을 수립하였다. 추가 정보
는 부록 2 참조.

27 지난 몇 년간 사회적기업 운동은 정부와의 협력을 통해 사회적기업의 성
장 지원에 큰 진전을 이루었다. 영국 협동조합(Co-operatives UK), 개발신탁
연합(Development Trusts Association), 영국 사회적회사(Social Firms UK), 스포르타
(SpoRTA) 그리고 지역사회행동네트워크(Community Action Network)와 같은 전
문적인 전국적 상부 단체들은 기업 설립, 법적 구조, 품질과 영향력 측정
및 자금 이용과 같은 사안들을 다루면서 다양한 사회적기업들의 개발을
지원하는 데 진전을 이루었으며, 사회적기업 부문 내의 상호학습과 협력
을 독려했다. 또한 전략적 사회적기업 단체들이 잉글랜드 여러 지역에서
설립되었고, 스코틀랜드 사회적기업연합이 출범하는 한편 웨일즈와 북
아일랜드에서도 네트워크가 생겼다. 이 단체들은 지역개발기구, 정부 기
관, 지역 당국, 자치정부와 협력하여 사회적기업을 현장에서 지원하기
위한 보다 조율된 협력적 조치를 취하고 있다. 국가적 차원에서 사회적
기업들과 전문 네트워크들은 사회적기업 운동이 계속해서 성장할 수 있
도록 사회적기업연합을 통해 협력하고 있다.

28 성공을 위한 여러 조건이 충족되면 새로운 과제가 나타난다. 이 부분이
전략 검토의 주요 대상이었으며, 본 계획서의 제2장의 초점도 여기에 맞
춰져 있다. 육성 계획과 분석은 정부와 사회적기업 부문 모두로 구성된
실무 그룹으로부터 도움을 받았다.(부록 1)

29 최근 몇 개월간 정부는 2007 종합 지출 보고서의 준비 차원에서 제3섹터
와 역사상 최대 규모의 논의를 진행했다. 그 논의는 영국 모든 지역에서
이루어졌다. 본 육성 계획은 이 논의 과정에 대한 첫 반응으로 사회적기
업의 성장을 지원하기 위해 정부가 무엇을 하고자 하는지를 밝힌다. 본
계획에 명시된 행동들은 주로 사회적기업들 및 그들의 대표 단체들과 제

휴 관계를 맺고 일하는 중앙, 지방, 지역 정부를 위한 것이다.

30 지금까지 정부 개입의 필요성을 설명했다면, 본 계획은 어떤 방식으로 그 요구를 충족하려고 하는지 설명한다. 증거가 불충분하거나 해결책이 분명치 않은 경우, 정부는 사회적기업들과 이 부문에 지식이 있는 다른 기관들의 도움을 받아 분석을 위한 자료를 수집해서 해당 사안들을 해결할 것이다.

31 사회적기업 부문 또한 스스로의 위상을 높여야 하고, 이용 가능한 수단을 동원해 기업의 사회적 영향을 '증명'해야 하며, 양질의 상품과 서비스를 시장에 제공하는 역량을 개발해서 역동적인 신규 진입자들을 고용해야 한다.

국제적 측면

사회적기업가정신, 사회적기업, 사회적경제에 대한 국제적 인식은 빠르게 진화하고 있다. 제3섹터청은 유럽연합 및 기타 외국 협력기관과 협력함으로써 그리고 해마다 열리는 사회적기업가정신에 대한 스콜 세계 포럼(Skoll World Forum on Social Entrepreneurship) 등 국제행사에 참여함으로써 사회적기업에 대한 국제적 인식 증진에 기여하며 또 그로부터 배운다. 제3섹터청이 다른 유럽연합 회원국의 해당 기관과 협력해 유럽연합 차원의 평등(Equal) 프로그램의 사회적경제 부분의 결과를 공유하고 그 결과를 정책 수립에 활용한다.

평등프로그램은 국가 간 협력을 통해 노동시장에 존재하는 모든 형태의 차별과 불평등을 뿌리뽑기 위한 새로운 수단을 실험하고 장려하는 유럽사회기금 사업으로, 그 주제 분야 중 하나(주제 D)가 사회적경제이다. 영국에서 시행된 주제 D프로젝트는 사회적기업 부문의 성장을 가로막는 장애들을 다루었다. 두 차례의 평등프로그램을 통해 영국에서는 4천만 파운드 상당의 사업에 재정지원이 이루어졌고(그 중 절반의 비용은 평등기금에서 지원), 그 결과로 사회적기업의 수준과 영향력 측정수단의 개발, 사회적기업 경영인들과 자문가들을 위한 국가직업표준의 수립, 사회적기업들을 위한 컨설턴트 데이터베이스 구축개발, 사회적기업들을 위한 조달사업 기회 증대를 위한 지역 당국과의 협력 등을 들 수 있다. www.equal.ecotec.co.uk/resources/gpg와 www.equal-works.com 참조. 이 프로젝트가 본 사업의 효과를 최대화하도록 제3섹터청은 사회적기업연합이 평등 프로젝트의 교훈을 널리 알리고 일반화하는 것을 지원하고 있다. www.socialenterprise.org.uk/Page.aspx?SP=1937 참조.

여러 회원국의 담당 기관들은 유럽 전역에 걸친 주제 D 사업들의 교훈을 공유하고, 정책 권고안을 마련하기 위한 행사들을 조직하고 있다. 한 예로 아래 웹사이트 참조. http://europe.eu.int/comm/employment_social/equal/activities/200604-se-etg2_en.cfm

사회적기업 전략에 대한 독립 검토의 일부로 유럽과 전 세계의 사회적기업 정책과 관행에 대한 연구를 분석한 보고서가 있는데, 이 보고서는 프랑스, 독일, 이탈리아, 폴란드, 미국의 5개국에 초점을 맞추었다. 이 보고서는 이 국가들에서 공통적으로 나타나는 사회적기업 모델이 다수 있는데, 이들은 보통 특정한 시장 실패에 대처하는 방식으로 운영되고 있다. 이 보고서는 또한 특히 사회적기업의 성장을 위한 환경 조성 측면에서 정책 입안자들의 우선 순위에 공통점이 있음을 발견했다. 전반적으로 이 보고서는 영국이 다른 나라의 개발에 영감을 줄 수 있는 위치에 있으면서 동시에 세계적인 사회적기업의 경험으로부터 배울 점이 있다고 결론 내렸다. www.cabinetoffice.gov.uk/thirdsector

성장을 위한 육성 계획

사회적기업 문화 육성

정부는 많은 대중들에게 사회적기업을 알림으로써 상업적 성공과 사회적, 환경적 이익을 동시에 달성할 수 있음을 보여 주고자 한다.

32 금전적 이익을 창출하는 데 주력하는 것이 전통적으로 받아들여졌던 기업의 이미지이지만, 사실 이것은 기업가들의 창업 이유 중 하나에 불과하다. 기업가는 주주들에게 수익을 제공하는 것만큼이나 사회적 또는 환경적 문제를 해결하는 데도 관심을 가질 수 있다. 또한 직원과 고객들은 기업이 보다 사회적으로 책임감 있는 행동을 할 것을 요구하고 있다.

33 ECT 그룹, 그리니치레저(Greenwich Leisure), 에덴 프로젝트(Eden Project) 같은 성공적인 사회적기업들은 경제적 목적과 사회적 목적의 결합이 가능함을 보여 준다. 그러나 통상산업부의 가계 조사 결과 일반인들의 26%만이 사회적기업이라는 개념을 알고 있는 것으로 나타났다.[19] 이렇게 사회적기업에 대한 지식이 부족하면 창업, 취업, 구매, 투자 등을 위한 기업의 형태를 결정하는 사람들의 능력이 제한될 수 있다.

34 정보의 부족은 또한 사회적기업이 더 광범위한 기업 문화에 영향을 미치

---

19 중소기업국(2006b) 가계 조사. 런던: 통상산업부

는 것을 제한할 수 있다. 다른 기업들은 사회적 영향력을 측정하는 데 필요한 도구나 기술을 알지 못하거나, 공급망 내에서 사회적기업으로부터 윤리적 구매를 함으로써 기업의 사회적 책임의 의무를 다할 수 있는 기회가 있다는 점을 모를 수도 있다.

35 사회적기업 대표단체들은 사회적기업의 가치에 대한 인식을 높이는 데 큰 역할을 할 수 있다. 개별 사회적기업은 자신들이 창출하는 사회적, 환경적 부가가치에 대한 정보를 보다 잘 활용하여 고객과 정책 입안자들에게 스스로를 마케팅할 수 있다. 그러나 정부 또한 정보 부족을 해결하는 데 있어서 담당해야 할 역할이 있다.

36 정부의 역할

- 사회적기업의 영향력과 역할에 대한 증거 수집
- 수집된 증거를 청년층, 일반 기업 및 잠재적 설립자와 직원들에게 알려 사회적기업의 인지도 높이기

증거 수집

37 2002년에 정부가 발표한 사회적기업 전략에서 상당한 증거 부족 문제가 있다고 인정되었다. 개별 기업들은 사람과 환경에 미치는 자신들의 영향을 측정하는 데 어려움을 겪고 있었다. 한편 사회적기업 부문 전체적으로는 그 규모와 특징이 제대로 파악되지 않고 있었다.

38 그 후 최초의 전국적 사회적기업 조사로 사회적기업 부문의 현황과 규모가 일차적으로 파악되었다.[20] 일반 기업들에 대한 각종 조사에서도 새로운 결과가 나타나, 보다 광범위한 경제적 맥락에서 사회적기업에 대한

---

20 IFF 리서치(2005) 영국 사회적기업 조사. 런던: 중소기업국

정보기반이 강화되기 시작했다.[21]

39 개별 기업 차원에서는 사회적 영향력을 정량화하고 관련 정보를 활용하는 수단이 개발되면서 개별 사회적기업들이 자사의 사회적 또는 환경적 사명을 어떻게 다할 수 있는지에 대한 이해가 증진되었다. 예를 들어, 정부는 사회적기업파트너십(Social Enterprise Partnership)이 '사회적기업의 품질 및 영향력 평가도구'인 프루빙 앤드 임푸르빙(Proving and Improving: a quality and impact toolkit for social enterprise)을 출간하는 것을 지원했다.(사례연구 9) 여러 사회적기업들이 현재 이 도구를 사용해서 자사의 가치를 입증하고 마케팅을 개선하고 있다.

40 대부분의 사회적기업들은 지역적인 특정한 요구나 문제를 해결하기 위해 설립된 일회성의 독립적 기업이다. 그러나 한 분야나 지역에서 개발된 사업 모델과 방법은 다른 분야와 지역으로 확산되어 적용될 수 있다. 지역사회 행동네트워크, 영국사회적회사, 노쓰이스트 사회적기업 파트너십 및 기타 협력기관들은 피닉스 개발 기금과 유럽연합의 평등 프로그램의 지원을 받아 프랜차이징과 라이센싱부터 덜 공식적인 경험 공유에

---

21 중소기업국(2006a) 전게서

프로젝트 코스믹(Project Cosmic)은 농촌 지역의 사회적기업으로 데번(Devon) 주의 오터리(Ottery) 지역의 메리(Mary) 가에서 다양한 정보통신기술(ICT) 서비스를 제공한다. 1996년 설립된 이 기업은 배제와 불이익으로 이어질 수 있는 원거리와 소외라는 농촌 지역이 직면한 두 가지 장벽을 극복하는 데 중점을 둔다. 이 기업의 활동 분야는 최신 장비를 부착한 이동식 '연락선' 등을 포함하는 혁신적이고 흥미로운 방식으로 서비스를 제공하고, 지역사회에 방문해서 주민들에게 IT 훈련을 제공하며, 다른 지역사회 단체와 기업들이 필요로 하는 기술, 즉 웹사이트와 IT 훈련 등을 제공하는 것이다. 줄리 해리스 회장은 다음과 같이 말한다. "사회적기업은 신뢰와 마케팅 측면에서 은행의 금고와도 같다. 대중이 사회적기업을 신뢰하고, 또 사회적 양심을 가진 기업이 점차 늘어남에 따라 새로운 기업들을 유치할 수 있는 엄청난 힘을 가지고 있다. 이것은 값을 매길 수 없는 독특한 판매상의 강조점이다."

www.cosmic.org.uk

이르기까지 여러 가지 방식을 사용해서 사업 모델의 복제를 연구했다. 이러한 사업들로부터 얻은 교훈은 더 널리 홍보될 수 있을 것이다.

41 이제는 어느 분야에서 그리고 어떤 방식으로 사회적기업들이 가장 성공할 수 있는지에 대한 보다 깊이 있는 이해가 필요하다. 사회적기업의 성공 요인은 무엇인가? 사회적기업의 직간접적 영향을 극대화할 방법은 무엇인가?

42 제3섹터청과 통상산업부 중소기업국은 새 연구 프로그램을 개발해 사회적기업 부문의 경제적, 사회적, 환경적 가치에 대한 증거기반을 더 많이 수집할 것이다. 예를 들면, 이 프로그램은 시간의 경과에 따른 영국 사회적기업의 발전 상황(연례 중소기업 조사 이용)과 사회적기업들이 사람과 환경에 가져올 수 있는 다양한 잠재적 영향력의 범위[구체적 연구 및 해설기사 '사고(think)' 이용]를 살펴볼 것이다. 본 연구사업에는 사회적기업에 대한 전반적 증거기반 구축에 가장

많은 기여를 할 수 있는 사람들이 참여할 것이다.

43 윤리적 소비 수요에 대한 대중적으로 이용 가능한 데이터도 개선될 필요가 있다. 지금도 윤리적 소비주의에 대한 정보가 있기는 하지만, 단순히 윤리적 시장이 발전하고 있다는 내용이 아니라 윤리적 시장을 창출하고 거기에 기여하는 사회적기업의 역할에 대한 내용이 더 알려질 필요가 있다.

44 제3섹터청은 윤리적 소비자 시장에 대한 연구와 그것이 사회적기업에 미치는 영향에 대한 연구의 검토를 의뢰할 것이다.

45 사회적기업에 대한 증거 자료가 많이 수집되면 정부와 사회적기업 부문은 공공 및 민간 시장의 잠재적 기업가, 금융기관, 고객 등을 포함하는 광범위한 대중에게 사회적 기업을 보다 효과적으로 홍보할 수 있게 된다.

46 제3섹터청은 사회적기업연합과 이 부문의 다른 단체들과 협력하여 이와 같이 늘어나는 증거 자료들을 활용해서 광범위한 대중의 사회적기업에 대한 인식과 이해를 높일 것이다.

인식 제고 : 신규 진입자 유치

47 사회적기업은 전반적인 기업 의제에 있어서 점차 중요한 부분이 되고 있다. 예를 들면 젊은이들, 직업이나 삶의 변화를 찾는 사람들, 취약계층의 사람들 등을 대상으로 사회적기업에 대한 관심과 참여를 유발함으로써 윤리적 기업활동에 대한 열정을 활용할 수 있는 기회가 있다.

48 졸업생 기업가교육 국가위원회와 같은 단체들은 기업 역할 모델의 필요성을 강조한다. 사람들은 블루 벤처즈(Blue Ventures)의 톰 쎄비지와 같이 자신과 비슷하면서 성공적으로 사회적기업을 운영하는 사람들로부터 가장 큰 영감을 받는다.(사례연구 11)

49 따라서 제3섹터청은 사회적기업 부문과 협력하여 사회적기업에 대한 인식을 제

톰 쌔비지. 마다가스카르에서 새 어종을 발견하고 문어를 보호하는 것과 사회적기업을 자동적으로 연관 짓기란 어려울 것이다. 그러나 바로 그것이 톰 쌔비지와 그의 사업 파트너들이 **블루 벤처즈** (Blue Ventures)라는 생태관광 단체를 통해 이루어 낸 일이다. 블루 벤처즈는 인도양의 해양 보호 프로젝트를 위한 자금을 마련한다. 경영학을 전공한 톰은 금융 분야에서 UBS 투자은행과 에딘버러 펀드 매니저로 일을 시작했다. 오래지 않아 그는 금전적인 인센티브가 크기는 하지만 이 직종에서는 자신의 열정 개발, 기업가정신, 환경 보호, 여행을 위한 여지가 별로 없다는 점을 깨달았다. 2005 데일리 익스프레스(Daily Express) 올해의 청년 기업가 상의 최종 후보에 오르기도 했던 톰은 블루 벤처즈를 시작한 이후 자신이 좋아하면서 변화를 만들 수 있는 일을 한다는 즐거움을 되찾았다고 말한다. 그는 엔터프라이즈 인사이트(Enterprise Insight)의 '사회적기업 대사'로서 사회적기업의 날 개최를 위한 계획 수립에 참여하고 있다.

www.blueventures.org

고하고 정책 마련을 위해 정부와 협력할 20명의 사회적기업 홍보대사를 지명하는 프로그램을 개발할 것이다.

50 많은 젊은이들이 직업을 통해 생계 유지 및 자아실현의 능력과 '변화를 만들 수 있는' 기회라는 두 가지 이익을 추구한다는 포커스 그룹의 조사에 기초해서 젊은이들을 사회적기업으로 유도하려는 구체적인 캠페인이 마련되었다. '성공하라: 삶을 변화시켜라'라는 캠페인은 2006 기업 주간 (Enterprise Week)의 핵심 부분이고 사회적기업의 날(Social Enterprise Day)의 초점이다.(사례연구 12) 제3섹터청과 통상산업부는 사회적기업 부문과 협력하여 엔터프라이즈 인사이트가 제공하는 사회적기업 홍보 캠페인 '성공하라: 삶을 변화시켜라'를 지원할 것이다.

51 사회적기업의 날은 영국 전역의 사회적기업들이 자신들의 성과를 홍보할 수 있는 기회이다. 이날 사회적기업 부문 전반에 걸친 성과를 집중조

엔터프라이즈 인사이트(Enterprise Insight)는 14~30세의 청년층을 사회적기업으로 유도하기 위한 캠페인을 펼친다. 영국의 주요 기업단체가 설립하고 통상산업부가 주된 자금 공급원인 이 단체는 보다 기업적인 문화를 진흥시키려는 목적을 가진다. 구체적으로 기업이나 사회적기업을 창업함으로써 또는 직장에서 자신의 아이디어를 추구함으로써 더 많은 젊은이들이 새로운 아이디어를 가지고 이를 실현하려고 한다. 이를 위해 4가지로 구성된 전략이 있다.

- 젊은이들이 자신들의 아이디어를 실현하도록 영감을 준다.
- 다음 단계와 기회에 대한 정보를 제공한다.
- 네트워크 구축을 통해 상호지원을 장려한다.
- 정책과 관행에 영향을 미친다.

사회적기업의 날(Social Enterprise Day)은 이제 기업 주간(Enterprise Week)의 주요 부분이다. 제3섹터청, 사회적기업연합, 엔터프라이즈 인사이트가 협력하여 펼치는 **성공하라: 삶을 변화시켜라**(Make Your Mark: Change Lives)라는 캠페인은 젊은이들의 사회적기업 활동을 장려하고자 한다. 더 많은 젊은이들이 사회적기업에 참여할 수 있게 도울 것이다. 이 캠페인은 기업적 아이디어를 사회 및 환경 변화를 위해 활용하는 젊은이들의 이야기를 통해 사회적기업의 혜택을 널리 알리는 것을 목표로 한다. '삶을 변화시켜라'라는 기치 아래 사회적기업에 대한 새로운 자료가 개발되었다. 「트레일블레이저(Trailblazers)」라는 잡지는 청년 사회적기업가의 이야기를 비중 있게 다루고 있으며, 부록 DVD는 사회적기업에 대한 생생한 설명을 담고 있다.

www.starttalkingideas.org

명하기 위한 비중 있는 행사도 열린다.

교육 제도를 통한 인식 제고

52 정부는 또한 사회적기업이 교육 제도 내에서 적절히 반영될 수 있도록 하고자 한다. 젊은이들은 진학과 직업선택을 할 때 사회적기업 관련 기회가 있음을 알 필요가 있다.

53 사회적기업은 이제 학교의 기업 교육
에서 일반적으로 다루는 내용이 되었
다.(사례연구 13) 2003~2005년 교육기
술부는 젊은이들에게 '기업 능력'을
심어 주는 최선의 방법을 찾기 위해
700개 학교를 대상으로 연구를 실시
하였다. 기업 능력이란 창의력, 혁신,
위험감수 수반, 할 수 있다는 정신을
발전시키고 아이디어를 실현하려는

추진력을 키우는 것이다. 연구 결과에 근거한 기업 교육 전략은 재정 능
력 개선과 경제 및 기업에 대한 이해로 뒷받침되는 기업 능력 향상을 포
함한다.

54 주요 4단계 학생들에게 기업 교육을 제공하는 학교를 지원하는 기금이
마련되었다. 이를 통해 이 학교들이 자체 기업 의제를 전달하는 데 필요
한 외부의 도움을 받을 수 있다. 또한 50개의 중앙학교와 분교에 기초해
학교 기업 교육 네트워크가 신설되었는데 이 학교들은 잉글랜드의 모든
학교들이 기업 교육을 제공하도록 돕는다. 학교에 보내지는 안내문에는
사회적기업의 모범 사례가 포함되며, 종종 학교의 기업 활동에 소중한
자료도 제공한다.

55 정부는 학교가 아이들에게 수준 높은 양질의 사회적기업 활동을 제공하
는 기회를 갖기를 바란다.(사례연구 14) 교육기술부는 제3섹터청의 지원을 받아
사회적기업에 대한 보강된 안내자료를 학교에 제공함으로써 사회적기업을 더욱
잘 알리고 사회적기업을 잘 활용하는 모범 사례를 널리 홍보할 것이다.

56 사회적기업을 경영학 과정에 더 잘 통합함으로써 학생들이 사회정의 실
현이라는 그들의 이상과 성공적인 기업의 운영을 결합하는 것이 가능하

다는 점을 배울 수 있게 해야 한다. 지금도 이러한 노력이 이미 진행 중이다. 자격증 및 교육과정평가원(QCA)은 현재 모든 GCSE를 위한 과목 기준을 검토 중이다. 경영학 분야에 있어서 이들은 이해관계 당사자들과 논의하여 기업과 사회적기업을 GCSE의 표준으로 포함시키는 최선의 방법을 모색할 것이다. 논의 결과는 2007년 봄에 정리될 것이며, 개정된 학위과정 자격에 대한 첫 수업은 2009년 9월에 이루어질 것이고, A 레벨과 다른 경영학 자격증에 대한 검토도 잇따를 것이다.

57 정부는 사회적기업 사업 모델이 GCSE, A 레벨, 그리고 다른 경영학 과목들에 있어서 보다 비중 있게 다루어져야 한다고 믿는다. 제3섹터청과 교육기술부는 자격증 및 교육과정평가원과 협력하여 사회적기업 사업 모델을 GCSE 경영학 요강에 포함시키고, 차후에는 A 레벨과 다른 경영학 과목에도 포함하는 최선의 방법을 모색할 것이다.

핀도운 커뮤니티 칼리지(Fyndoune Community College)

더램(Durham) 주에 있는 핀도운 커뮤니티 칼리지의 9명의 학생들은 서아프리카 가나의 학생들이 등교 전에 더러운 물을 길러 수 마일을 걸어 다녀야 한다는 사실을 알고는 조치를 취하기로 했다. 변화를 이루려는 의지에서 시작된 일로 학생들은 사회적기업을 창업하기에 이르렀다.

'물을 위해 물을 파는 것'이야말로 단순하면서도 효과적인 '워터웍스(Water Works)'의 아이디어였다. 이들은 애비웰(Abbey Well)과 물 한 병을 30페니에 구매하는 계약을 체결하고 학교로부터 대출을 받아(현재는 변제됨) 필요한 물을 사서 한 병에 50페니에 되팔았다. '워터웍스'는 지금까지 2,500파운드의 수익을 거두어서 가나의 아둠 반소 초등학교와 결연을 맺었다. 이 학교는 곧 학교 내에 자신의 시추공을 가지게 될 것이다. "전화기에 대고 대기업 관계자들과 얘기하고, 빠듯한 마감기한을 맞추고, 대화 기술을 익히는 것을 보면 아주 인상적"이라고 교사인 린다 딕슨이 말한다. "제가 볼 때 사회적기업과 일반 기업의 차이는 열정입니다. 이익만을 추구하는 것이 아니라, 보다 구체적인 것을 성취하기 위해서 돈을 버는 것이죠."

www.durhamweb.org.uk/fyndoune

58 고등교육으로의 진학을 택하게 되면, 학생들은 사회적기업과 관련과목에 대한 선택권이 넓어지게 된다. 또한 사회적기업을 전반적인 직업 등급기준에 포함시키는 최선의 방법을 모색하는 것도 중요할 것이다. 대학교들 사이에 점차 사회적기업에 대한 준비와 인식을 교과과정, 특히 직업교육과정에 포함시키는 방법에 대한 관심이 높아지고 있다. 그 밖에 가상 과목과 e-러닝 등 다른 수단들도 모색될 수 있다.

"리즈 메트로폴리탄 대학교에서 사회적
기업은 교직원과 학생들의 기업가적
능력을 발전시키는 핵심입니다. 사회적
기업, 자선단체, 비영리 벤처들과의 교
류를 통한 흥미로운 역동성은 학생들
의 기업가정신과 태도를 발전시킬 뿐
아니라 우리의 교육내용 또한 향상시
킵니다."

리즈 메트로폴리탄 대학교 앨리슨 프라이스

사례연구 15

졸업생 기업가교육 국가위원회(National Council for Graduate Entrepreneurship: NCGE)는 고등교육에 있어서 기업가정신의 위상을 높이고, 모든 형태의 창업을 진지하게 고려해서 이를 위해 활동하는 학생과 졸업생의 수를 늘리기 위해 2004년 설립되었다. 사회적기업은 NCGE 활동의 필수적인 부분이다.
NCGE의 활동은 다음과 같다.

- 고등교육기관과 협력하여 교육기관 전반에 걸쳐 기업가 문화와 기업가정신이 포함되도록 돕고, 교육기관의 역량과 능력을 발전시킨다.
- 연구자, 교육자, 직업상담가들을 위한 온라인 커뮤니티를 개발한다.
- 플라잉스타트(Flying Start) 제도는 신규 벤처 창업에 관심이 있는 영국 전역의 학생과 졸업생을 격려하고, 이들에게 정보 및 지원 제공을 목표로 한다. 이 제도는 세 가지 주요 활동으로 이루어져 있는데 이는 사회적기업에 대한 워크숍을 포함하는 지역적 운동, 사회적기업 설립을 희망하는 졸업생들을 겨냥한 투자 준비 프로그램과 온라인 지원 시스템으로 구성된다.
- NCGE가 의뢰한 연구에 필요시 사회적기업을 포함시킨다.

www.ncge.org.uk

59 교육기술부는 고등교육제도 내에 사회적기업 학습을 제공, 홍보하는 새로운 방법을 모색할 것이다.

60 직업 선택에 대한 조언 또한 사회적기업이라는 선택 사안을 포함해야 한다. 《윤리적 직업안내서(Ethical Careers Guide)》 같은 책자가 현재 이용 가능하지만, 취업서비스 제공기관들은 사회적기업에 대한 정보를 더 확보해야 한다.[22] 미래를 고민하는 사람들에게 적절한 안내 자료가 제공되어야 한다.

61 제3섹터청은 교육기술부와 졸업생 기업가교육 국가위원회를 지원하여 고등교육기관에서 학생들에게 졸업 후 진로로서의 사회적기업을 잠재적 직업으로 홍보하게 할 것이다.

다른 기업들 사이의 사회적기업에 대한 인식 제고

62 사회적기업 중 상업적 성격이 비교적 강한 기업들은 기존의 일반 기업들과 상업적 협력을 강화하고 있다. 이들 상당수가 기존 민간 분야와의 협력을 자사의 사업 성장을 위한 중요한 전략으로 보고 있다.

63 2005년에 통상산업부 중소기업국은 협력에 대한 연구와 안내서 매치위너즈(Match Winners, 사례연구 16, 17)의 작성을 의뢰했다.[23] 매치위너즈에서는 협력의 대표적인 예로 기업 간 거래, 공공 계약 수주를 위한 사회적기업과 일반 기업의 전략적 제휴 등을 꼽았다.

64 이제 더 많은 기업들이 사회적기업이 가져오는 기회를 이해할 필요가 있다. 기업의 사회적 책임 프로그램은 자원봉사, 기부 또는 제3섹터청의 멘토링에 초점을 맞추는 경향이 있지만, 사회적 책임은 사업 관계에도 포

---

22 NGO 미디어(2006) 윤리적 직업안내서(The Ethical Careers Guide) 2006/07.

23 중소기업국과 지역사회 행동 네트워크(2005) 매치위너즈: 사회적기업과 민간 분야 기업 사이의 상업적 협력에 대한 안내. 런던: 중소기업청

함될 수 있다.

65 사회적기업과 기존 민간 분야의 연계를 활성화하기 위해 제3섹터청은 협력을 통해 실질적인 사업 이익을 거둔 데 대한 매치위너즈의 메시지를 더 많은 대중

사례연구 16

매치위너즈(Match Winners)는 사회적기업과 민간 분야 기업 사이의 상업적 협력에 대한 안내서이다. 여기에는 사회적기업과 민간 분야의 실제 협력 사례가 소개되고, 그에 따른 양측의 실질적 사업기회가 집중 조명된다. 사회적기업에게는 새롭고, 지속 가능한 신규 수익원을 찾는 기회, 전문 경영에 대한 접근, 사업 수완을 개선하는 기회 등의 이점이 있다. 민간 기업은 사회적기업의 사업 제휴를 통해 공급망을 통한 효율성 제고, 사업 운영 관리, 신규 시장 개척 또는 기업의 사회적 책임 달성 등이라는 여러 가지 사업목표를 효율적으로 달성할 수 있다.

무료 구독 신청: 이메일 matchwinners@pack-it.com
또는 전화 029 2048 6000

그린웍스는 대기업과 정부 부처의 잉여 또는 불필요한 사무용 가구를 수거해 합리적인 가격으로 학교, 자선단체, 지역사회 그룹, 신생 기업 등에 제공하는 사회적기업이다. 그린웍스 또한 비교적 신생 기업일 때 HSBC와 제휴를 맺고, HSBC가 카나리 워프(Canary Wharf)로 이전할 때 가구 재활용을 담당했다.

그린웍스에게 이 거래는 기업의 성장을 돕고 미래 사업 기회를 얻는 데 중요한 실적을 남겼다는 측면에서 매우 중요했으며, 환경 친화적인 사업 관행을 발전시키려는 핵심가치를 대기업의 상업적 결정에도 적용하게 했다.

www.green-works.co.uk

에게 널리 알릴 것이다. 이러한 맥락에서 사회적기업과의 상업적 활동을 위한 동력에 대한 업계 지도자들과의 논의도 촉진될 것이다.

사회적기업가에 대한
올바른 정보 및 조언의 제공

정부는 사회적기업가들이 양질의 조언과 정보를 얻을 수 있게 함으로써 사회적 기업들이 성공적 기업이 되도록 지원하고자 한다.

기업 지원 제공에 있어서 정부의 역할

66 기업 지원을 위한 시장이 있기 때문에 많은 사회적기업들은 다른 기업들과 마찬가지로 기술적 조언이 필요하거나 아이디어를 행동으로 옮기고자 할 때 컨설턴트, 회계사, 변호사들을 이용한다. 그러나 자금의 압박을 겪는 소규모 신생 기업들에게는 복잡한 기업 자문 시장에서 적절한 지원을 받는 것이 큰 도움이 될 수 있다. 한 예로, 지원을 받는 기업의 경우들이 그렇지 않은 기업들에 비해 더 성공적이라는 증거도 있다.[24] 또한 피닉스 개발기금(Phoenix Development Fund)의 지원을 받은 사회적기업들에 대한 평가에서 만약 지원이 없었더라면 해당 기업들의 존립 자체가 불가능했을 것이라고 답한 기업들이 많은 것으로 나타났다.[25]

---

24 Roper, S, Hart, M, Bramley, G, Dale, I and Anderson, C(2001) 'Paradise Gained(획득한 낙원) The business Link Tracker Study(비즈니스 링크 추적연구)', 2001년 11월 레스터에서 열린 제24회 ISBA 전국 중소기업 총회 의사록(2권)
25 Ramsden, P(2005) 피닉스 개발기금 평가. 런던: 중소기업국

67 정부의 주된 역할은 안내 표지판을 잘 세워서 기업들이 가장 적절한 최선의 지원을 찾을 수 있도록 하는 것이다. 정부는 지역개발기구가 관리하는 중소 기업들을 위한 정부 자문 서비스인 비즈니스 링크(Business Link)를 통해 관문을 열어 준다. 비즈니스 링크는 개별 기업에 필요한 정보를 제공하고, 경우에 따라 개별 기업이 필요로 하는 사항을 진단하고, 전문적인 도움을 제공하는 가장 적절한 공급자로부터의 지원을 중개한다[정보, 진단, 중개(information, diagnostic and brokerage: IDB) 모델로 알려져 있음]. 비즈니스 링크는 웹사이트(www.businesslink.gov.uk)를 통해 더 많은 사람들이 이 서비스를 이용할 수 있도록 한다. 2005~2006년에는 560만 명이 이 웹사이트를 이용했다.

68 다양한 종류의 사회적기업들이 시장이나 정부 프로그램을 통해서 필요한 지원을 받을 수 있게 하는 것이 중요한 과제이다.

사회적기업에 적절한 지원 제공

69 사회적기업들이 일반 기업들과 매우 비슷한 조언과 지원을 필요로 할 때도 많지만, 어떤 경우에는 보다 전문적인 도움을 필요로 하기도 한다. 다양한 법적 형태 중 하나를 선택해야 하고, 재무적 목적뿐 아니라 사회적 목적을 정립해야 하는 설립 단계에서는 특히 그러하다. 사회적기업이 전문적인 조언과 지원을 필요로 하는 다른 주요 분야에는 자금 조달, 마케팅, 조직관리가 있다. 또한 사회적기업은 다양하고 많은 분야에서 활동하기 때문에, 분야별 또는 거래별 지원을 필요로 하기도 한다.

70 사회적기업이 필요로 하는 지원과 그것을 어떻게 이용하는지에 대한 이해가 깊어졌다. 사회적기업 전략 검토에 따르면, 전략 이행기간 동안 '사회적기업들에 대한 적절한 기업 지원 이용이 늘어났다'고 밝혔다.[26] 그

---

26 GHK(2005) 사회적기업 전략 검토: 결과물 요약, 6장(iii). 런던: 중소기업국

2 성장을 위한 육성 계획 **69**

러나 경제 사회 재건에 있어서 제3섹터의 역할에 대한 재무부/내각 사무처의 검토를 통해 몇 가지 사안은 추가적인 조치가 필요한 것으로 나타났다.

71 우선 많은 지역에서의 상당한 진전에도 불구하고 협의과정에서는 지역별로 사회적기업을 위한 적절한 지원 서비스의 공급에 불균형 문제가 언급되었다. 둘째, 일반 및 전문 기업 지원기관 공급자들과의 연계 등을 포함하는 지원 서비스의 복잡한 특징으로 인해 이용 가능한 지원을 확인하는 것이 어려울 수도 있다. 셋째, 일부 사회적기업들의 경우 몇몇 단체들은 스스로를 비즈니스 링크의 지원 대상으로 고려하지 않기 때문에 이용 가능한 서비스를 모두 이용하지는 못한다.[27] 넷째, 일반 기업 자문기관들이 사회적기업의 요구를 충족할 수 있게 해야 할 필요가 지속적으로 나타난다.

72 이 같은 과제를 해결하기 위한 몇 가지 조치가 취해졌다. 중소기업 사업 개발 이니셔티브(Small Firm Enterprise Development Initiative: SFEDI)와 사회적기업 파트너십(Social Enterprise Partnership: SEP)은 사회적기업 자문가에 대한 국가 직업표준을 개발하여 사회적기업 자문가들이 갖추어야 할 지식 요건을 명확히 하고 지원의 수준을 향상시켰다. www.sep.co.uk. 또한 훈련자료를 개발해서 자문가들이 위 기준을 충족하도록 했다.

73 지역개발기구는 해당 지역의 전반적인 사회적기업 전략의 이행을 지원한다. 특히 지역개발기구는 비즈니스 링크 서비스를 통해서 고객의 반응을 고려해 사회적기업들이 이용할 수 있는 적절한 기업 지원을 실시하고, 마케팅하며, 모니터링할 것이다. 통상산업부와 지역개발기구는 잉글랜드 9개 지역에 걸친 사회적기업을 위한 기업 지원에 대한 공동 검토를

---

27 BRASS(2004) 원대한 아이디어를 튼튼한 사회적기업으로, 4쪽. 브리스톨: 트리도스 은행

실시 중이다. 이 검토를 통해 '일반' 및 '전문' 기업 지원 요건과 공급에 대한 접근 방식을 포함하는 우수 지원 사례가 수집될 것이다. 본 검토로 얻은 정보는 모든 지역개발기구를 위한 기준을 개선하기 위한 계획(2007년 3월 시작될 예정)을 마련하는 데 사용될 것이다. 제3섹터청은 지역개발기구가 이 계획을 이행하는 것을 지원할 것이다.

74 제3섹터청은 범정부 기업 지원 단순화 프로그램에 맞추어, 사회적기업들에 대한 기업 지원을 중개하는 비즈니스 링크의 역량을 향상시키기 위해 2007년 4월부터 기금을 지원할 것이다. 2007 지출 보고서의 결과에 따라 2007~2008년에는 시범 단계로 최소 50만 파운드에서 시작해서 2008년 4월부터 점차 늘려 2011년 3월까지 매년 180만 파운드로 지원금을 늘릴 것이다. 지역개발기구는 전문 지원 공급자 등 이해 당사자들과 협력하여 위 기금이 해당 지역 사회적기업의 지원 요구를 충족시키도록 사용할 것이다. 제3섹터청은 지역개발기구와 협력하여 기본 측정치를 마련하고, 본 지원 사업의 시행기간 동안의 효과를 평가할 것이다.

75 통상산업부는 가능한 많은 다양한 사회적기업들을 지원하기 위해서 자체 홈페이지 www.businesslink.gov.uk/socialenterprise에 있는 사회적기업 정보와 안내를 개선함으로써 이 웹사이트가 사회적기업들을 위한 효과적인 단일 정보원이 되게 할 것이다. 조언을 제공하는 다른 사이트로의 링크를 비롯해서 이미 몇몇 콘텐츠는 개선되었으며, 그 중 상당수는 사회적기업 부문이 직접 개발했다.

76 본 문서의 제1장에 설명한 대로, 사회적기업들의 설립 배경은 다양하다. 일반 기업들과 마찬가지로 사업 구상이 있는 한 개인이나 여러 명이 설립하기도 하고, 상업거래를 통해 소득원을 다변화하려는 자발적 및 지역사회 단체들로부터 성장하기도 한다.

77 정부의 체인지업(ChangeUp) 프로그램은 사회적기업을 포함하는 자발적 및

지역사회 조직들에 대한 지원을 강화하기 위해 개발되었다. 체인지업은 현재 독립적 이행기구인 커패써티빌더즈(Capacitybuilders)를 통해 실시되고 있다. 커패써티빌더즈는 일선에 있는 자발적 및 지역사회 조직들을 위한 고품질의 지속적인 기금이 제공되는 인프라를 확보하고자 한다. 여기에는 인프라 기관들에게 보조금을 지급하는 것도 포함된다. 비즈니스 링크와 커패써티빌더즈는 기부금과 자원봉사자들에 의존하는 자발적 단체들로부터 기업 활동을 하는 사회적기업에 이르기까지 제3섹터 내 모든 단체들이 스스로의 잠재력을 발휘하기 위해 필요한 지원을 받을 수 있게 해야 한다.

78 커패써티빌더즈는 사회적기업 인프라를 위한 지원을 체인지업의 목적을 달성하기 위한 자체의 새 전략적 계획 속에 완전히 포함시킬 것이며, 연례 평가 때 이것이 사회적기업에 미친 영향에 대해 보고할 것이다. 커패써티빌더즈는 2006년 12월부터 2007년 3월까지 자체 전략 계획의 내용에 대해 논의할 것이다.

79 유사한 환경 속에서 운영되는 기업들로부터의 동료 그룹지원은 사회적기업을 지원하는 효과적인 방법이 될 수 있다. 잉글랜드 전역에 현재 사회적기업 네트워크가 있고, 그 중 상당수가 지역개발기구의 지원을 받는다. 이들은 비즈니스 링크와의 제휴를 통해 전문적 지식을 제공하고 회원들이 다양한 기업 지원을 이용하도록 장려하기 위해 일반 단체들과 협력하기에 좋은 위치에 놓여 있다. '사례연구 18'은 지역 단체 중 하나인 사회적기업 이스트미드랜드(Social Enterprise East Midlands)가 지역개발기구와 협력하여 새로운 기업 지원 방식을 실시한 예를 보여 준다.

80 제3섹터청은 파트너들과 협력하여 전국적, 지역별, 세부지역별, 지방별, 부문별 사회적기업 네트워크를 파악할 것이다. 그 후 공급 측면에서 격차가 있다면 이를 해결하기 위한 조치가 취해질 것이다.

사회적기업의 기술 향상

81 다른 기업들과 마찬가지로 사회적기업도 자사의 근로자와 경영진의 기술을 향상시키도록 돕는 훈련과 교육을 통해 많은 것을 얻을 수 있다. 대부분의 일반적인 기술 제공이 사회적기업에게도 적합하며, 중요한 것은 사회적기업들이 일반 기업들과 마찬가지로 이런 지원을 받을 수 있도록 하는 것이다.

82 기술적인 기업 지원과 일반적인 기술 제공 이외에 특정 분야에서는 사회적기업 경영자들과 직원들을 위한 맞춤 훈련이 조직의 효과를 크게 높일 수 있다. 사회적기업 경영자들이 갖추어야 하는 지식을 명확히 하기 위해서 SFEDI와 SEP는 국가 직업 표준을 개발했다. 사회적기업의 기술 발전에 도움이 되는 훈련에 대한 정보는 이제 사회적기업 훈련 및 지

헤더 월킨슨은 청년 사회적기업가들을 지원하고 이들에게 조언을 주는 사회적기업인 **스트라이딩 아웃**(Striding Out)의 설립자이다. 사회적기업가정신을 향한 헤더의 열정은 경제 개발 및 지역사회 기업(Economic Development and Community Enterprise) 석사학위와 그 후 6개월간의 공공, 민간 부문에서의 근무 경험으로부터 시작되었다. 연구 컨설턴트로서 헤더는 사람들이 기업을 설립하거나, 취업하거나, 훈련을 받도록 지원하는 프로젝트를 계획하고 운영하는 법을 배웠다. 그러나 헤더는 30세 미만의 기업가들을 지도하고 훈련을 제공하며 서로를 지원하도록 하는 새로운 형식의 기업 지원 서비스가 필요하다는 점을 깨닫기 시작했다. 특히 헤더는 젊은 기업가들이 사회적기업과 지속 가능한 사업 관행에 대해 관심을 갖게 하고, 또 이들을 교육하기를 원했다. 2005년 11월 설립된 스트라이딩아웃은 훈련, 지도, 자문 서비스를 통해 이미 300명 이상의 청년 기업가들을 지원했다. 헤더는 2006 에지업스타트 상(Edge Upstarts Awards)에서 '올해의 사회적기업 멘토'로 선정되기도 했다.

www.stridingout.co.uk

원 웹사이트(www.setas.co.uk)에서 이용할 수 있다. 전국의 고용주들을 위한 신규 훈련 프로그램인 트레인투게인(Train to Gain)은 잉글랜드 전역에서 운영되고 있으며, 여기에는 사회적기업도 포함된다. 사회적기업 근로자 중 2급 자격이 없거나 생계 유지에 필요한 기술만 있는 저숙련 근로자들은 트레인투게인 훈련을 무료로 받을 수 있다.

83 정부는 국가 전반에 걸친 기술 공급을 향상시키고자 한다. 2004년 정부는 샌디리치(Sandy Leitch)에게 독립적인 기술 검토를 주도해 줄 것을 의뢰했다. 샌디리치는 2020년 국가 경제 성장, 생산성, 사회 정의를 극대화하기 위해서 필요한 최적의 기술 결합을 파악해 줄 것을 주문받았다. 중간보고서가 2005년에 발표되었고, 최종 보고서도 곧 발표될 예정이다.[28]

---

28 리치 기술 검토(Leitch Review of Skills)(2005) 영국의 기술: 장기적 과제, 중간 보고서

보다 최근에는 재무부/내각사무처의 경제 및 사회 재건에 있어서의 제3섹터의 역할 검토에 대한 반응으로 기술이 제3섹터 전반의 성장을 가로막는 장애물로 확인되었다. 따라서 사회적기업의 특정한 기술 격차가 무엇인지를 밝힐 필요가 있다.

84 제3섹터청은 통상산업부와 교육기술부의 지원을 받아 사회적기업이 필요로 하는 구체적인 기술과 이것이 일반 기업 교육 및 훈련 네트워크와 단체들에 의해 제공되는지를 파악하기 위한 검토를 의뢰할 것이며, 그 결과는 2007 종합 지출 보고서에 포함될 것이다.

사회적기업의 적절한 자금 조달 지원

정부는 사회적기업들이 시장에서 자금을 조달할 수 있는 여건을 만들고자 한다.

85 사회적기업도 다른 기업들과 마찬가지로 성장과 효율적인 운영을 위해
서는 적절한 자금 이용이 필요하다. 이 점에서 사회적기업들이 일반 중
소 기업들에 비해서 자금 조달을 가장 심각한 성장의 장애물로 꼽는다는
것은 우려할 만하다.[29]

86 영국의 자금 시장은 세계에서 가장 효율적인 시장에 속하는 것으로 인정
받는다. 일부 기업들이 자금 조달에 어려움을 겪는다는 사실 그 자체가
시장 실패의 징후는 아니다. 그러나 사업 제안의 성공 가능성과는 별개
인 이유로 인해 '적절한' 양의 자금이 시장에서 항상 제공되지는 않는다
는 점에서 자금 금융시장의 실패는 있을 수 있다. 이것은 주로 차용자와
대출 기관 사이의 정보 불균형에 기인한다. 즉 대출 기관이 위험을 정확
히 판단할 근거가 되는 충분한 정보를 가지고 있지 않다는 뜻이다. 가능
성 있는 기업들이 필요로 하는 자금을 이용하지 못하면, 신규 사업 형성
과 성장에 따른 고용, 산출량 증대, 생산성 향상 측면에서 국가 전체가 잠

---

29 통상산업부(발표 예정) 중소기업의 자금 조달: 사회적기업과 일반 기업 비교

재적 경제 이익을 놓치게 되는 것이다. 바로 이러한 이유로 정부는 중소 기업, 특히 급성장하는 중소 기업이 시장에서 자금을 조달할 수 있도록 개입한다.

87 문제는 사회적기업이 겪는 어려움이 시장 실패의 결과인지 아니면 사회적 이익보다는 금융 이익을 중시하는 효율적인 시장의 산물인지를 이해하는 것이다. 한 조직의 '사회적' 사명의 가치를 정량화하는 방법을 정립하려는 노력은 금융뿐 아니라 사회적 영향도 고려하는 사회적 투자 시장을 조성하는 데 크게 기여한다.

88 사회적기업은 정부의 보조금부터 주식 투자에 이르기까지 사회적기업의 다양한 형태와 발달 단계를 반영하는 여러 가지 방식을 이용하여 자금을 조달한다. 정부의 주된 역할은 유망한 사회적기업들이 채권 시장과 주식 시장을 통해 필요한 자금을 이용할 수 있게 하는 것이다.

89 아래에서 우리는 증거 자료, 채권 및 주식 발행을 통한 타인 자본 및 자기 자본 조달, 사회적기업에 대한 투자에 적용되는 세금 혜택을 살펴볼 것이다.

증거

90 2002년 정부의 사회적기업 전략이 발표되었을 때, 사회적기업의 자금 조달과 관련된 증거는 거의 일화적이었다. 이 부분을 개선하기 위해 통상산업부는 잉글랜드 은행에 사회적기업들의 자금 조달에 영향을 미치는 문제들에 대한 연구를 의뢰했다.[30]

91 통상산업부 중소기업국은 잉글랜드 은행의 보고서에 기초해서 사회적기업들의 자금 조달 경험에 대한 대규모 설문조사를 실시했고, 그 결과는

---

30 잉글랜드은행(2003) 사회적기업의 자금 조달. 런던

2007년 초에 발표될 예정이다.[31] 이 설문조사는 현재까지 가장 강력하고 광범위한 증거기반이 될 것이며, 사회적기업의 상황이 여러 가지 면에서 잉글랜드 은행의 2003년 보고서 발표 이후 개선되었음을 보여 준다. 통상산업부 조사의 초기 결과는 본 장에서 자세히 설명된다.

92 우리의 증거 자료가 개선되고 있기는 하지만, 여전히 격차는 남아 있다. 특히 사회적기업이 설립 단계에서 자금을 조달하는 방식에 대한 증거가 부족하다. UnLtd가 주관하는 밀레니엄 상을 통해서 신규 기업가들에게 보조금을 지원하는 제도가 일부 있기는 하다.(사례연구 20 참조) 제3섹터청은 사회적기업 부문과 협의하여 신규 사회적기업의 창업 요구에 필요한 사항에 대한 증거를 더 수집하는 방안을 모색할 것이다.

타인 자본 조달 이용

93 2003 잉글랜드 은행의 연구 결과 사회적기업들의 타인 자본 조달 수요는 종종 보조금 사용 및 대출에 거부감을 가지는 문화로 인해 제한된다는 점이 밝혀졌다. 사회적기업들은 은행에 자금 조달 신청 시 다른 일반 중소기업들에 비해 거절될 확률이 더 높지만, 안정된 사회적기업들은 은행, 재단, 지역개발금융기관(community development finance institution: CDFI)이 제공하는 다양한 외부 자금 조달 수단을 사용해 왔다.

94 사회적기업들에 대한 타인 자본의 공급에서 나타나는 문제를 해결하기 위해서 정부는 대출 기관들 사이에 사회적기업에 대한 인식을 제고함[32] 과 동시에 민간 대출 기관들이 지나치게 위험하다고 판단하는(오해에

---

31 통상산업부(발표 예정) 전게서. 방법론적인 제약으로 인해 이 설문조사는 보증유한책임회사나 산업공제조합으로 등록한 사회적기업들에 국한되었고, 따라서 주식 투자를 유치할 수 있는 많은 사회적기업들은 포함되지 않았다.

32 중소기업국은 대출 기관들을 겨냥해 사회적기업들이 민간 자금을 성공적으로 이용한, 조달의 여

UnLtd* UnLtd는 2000년 사회적기업 활동 진흥을 위해 설립된 자선단체이다. 2002년 UnLtd는 밀레니엄 위원회로부터 1억 파운드의 유산을 보조받아 밀레니엄 상 제도를 영구화하기 위한 기금으로 투자했다. UnLtd는 또한 빅 로터리 펀드(Big Lottery Fund)가 지원하는 빅 부스트(Big Boost) 프로그램의 주요 이행 파트너이다. 빅 로터리 펀드는 젊은이들이 지역사회 프로젝트를 수립할 수 있도록 상을 수여한다. UnLtd의 상 프로그램은 사회적기업가들에게 실질적인 자금 지원이 되며 종류는 두 가지이다.

- 레벨 1 상은 새로운 아이디어가 실질적인 프로젝트가 되도록 돕기 위한 것이다. UnLtd는 매년 영국 전역에 걸쳐 1,000개의 레벨 1상을 수여한다. 이 상은 여가 시간을 이용해 새로운 프로젝트를 실행하고자 하는 개인이나 비공식 집단을 돕는다. 상금은 프로젝트의 운영비를 보조하기 위한 것이다.
- 레벨 2 상은 이미 개발된 프로젝트를 지원하거나 수상자들의 생활비를 지원함으로써 이들이 프로젝트에 더 많은 시간을 할애할 수 있게 한다.(www.unltd.org.uk)

두 가지 UnLtd 상을 모두 수상한 **나탈리 맥더멋**은 그 후 자신들의 이야기를 취재하는 기자들을 훈련시키고 고용하는 사회적기업인 온로드미디어(On Road Media)를 설립했다. 온로드미디어는 BBC용 라디오 다큐멘터리를 만들고 제3섹터와 협력하여 '시민 미디어'나 포드캐스팅을 통해 그들의 관심거리를 홍보한다.

"UnLtd는 내 아이디어가 실현될 수 있는지를 알아보기 위해 필요했던 창업 사전 작업을 도와주었다. 2005년 레벨 1 상을 받았고 덕분에 장비를 구입하고, 첫 기자를 훈련시키고, 첫 다큐멘터리를 제작할 수 있었다. 2006년에는 레벨 2 상을 받았는데 그 덕분에 내 시간을 모두 지속 가능한 사회적 기업의 개발에 할애할 수 있었다."

"올해 11월에 UnLtd는 나와 9명의 다른 사회적기업가들을 인도로 보내서 인도의 사회적기업가들을 만나 경험을 교환할 수 있게 해 준다. UnLtd는 단지 보조금만 주는 것이 아니라 조직의 발전 및 그 조직에 속한 나 같은 사람들의 발전을 위한 실질적이고 정신적인 지원을 한다."

러 성공 사례를 소개하는 보고서를 발표했다. SBS(2004) 사회적기업 부문에 대한 대출(Lending to the Social Enterprise Sector), 런던: 중소기업국

서 비롯된 판단일 수 있음) 단체들에 대한 자금 공급을 확대하기 위해 개입했다. 한 예로 정부는 피닉스 기금을 통해 대부분 사회적기업인 CDFI의 설립과 발전을 지원함으로써, 이 단체들이 빈곤 지역의 기업 및 사회적기업들에 대한 자금 공급을 늘릴 수 있게 했다. 지역개발금융협회(Community Development Finance Association)의 최근 보고서는 가치 측면에서 CDFI가 공여한 대출의 절반 정도가 사회적기업들에게 제공되었음을(수량적으로는 전체의 25%) 밝혔다. CDFI 부문에 대한 지원은 이제 통상산업부에서 지역개발기구로 이관되었고, 사회적기업들을 지원하기 위한 추가 기금이 지역개발기구 예산에 할당되었다. 부록 2에 나타나듯이, 지역개발기구는 CDFI를 통한 기존의 사회적기업에 대한 투자를 검토하고, 우수관행 모델을 배포하는 방안을 고려할 것이다.

95 정부는 또한 수백만 파운드 규모의 퓨처빌더즈 기금과 어드벤처 캐피탈 기금을 설립해서 각각 공공 서비스 이행 또는 지역사회 기업활동에 참여하는 자발적 또는 지역사회 부문 단체와 사회적기업들에 대한 장기적인 자금 조달 계약을 제공하고 개발을 지원한다. 이 자금은 조직의 역량을 강화하고 장기적으로는 현재 시장에서 자금 조달 능력이 없는 단체들에 대한 기존의 타인 자본 조달 수요를 키우기 위한 것이다.

96 곧 발표될 통상산업부의 자금 조달 조사 결과 여러 가지 면에서 시장에서 자금을 조달하는 사회적기업의 능력이 2003년 잉글랜드 은행 보고서 발표 당시보다 향상된 것으로 나타났다. 이번 조사 결과 안정된 사회적기업들 가운데 66%가 민간 자금 조달을 이용하는 것으로 나타났다. 물론 이 비중은 중소기업의 80%에 비해서는 낮은 수준이다. 이 차이는 부분적으로는 사회적기업이 보조금 지원을 훨씬 더 많이 받는다는 것으로 설명될 수 있을 것이다. 보조금은 사회적기업이나 일반 기업의 설립 또는 초기 확장 단계에서 매우 유용한 역할을 한다. 그러나 보조금은 기업

가가 원하는 방향으로 조직을 발전시키기보다는 주로 특정 결과물을 '구매'할 때 사용된다. 민간 자금 조달의 이용 증가는 보조금에 대한 의존이 줄어들어서 기업가가 더 큰 재량권을 갖게 되는 것과 상관관계가 있다는 증거도 있다.[33]

97 잉글랜드 은행 보고서와는 대조적으로 이번 통상산업부 조사는 일반 기업에 가까운 안정된 사회적기업들과 일반 중소기업들의 민간 타인 자본 조달 거부율은 크게 다르지 않고(약 10%의 차이), 대출 비용은 거의 같은 것으로 나타났다. 이 같은 성과에는 여러 가지 이유가 있을 것이다. 사회적기업들이 대출 기관에 더 나은 제안서를 제출하는 것일 수도 있지만 대출 기관들도 사회적기업에 대한 대출에 수반되는 신용 위험을 보다 잘 평가할 수 있게 된 것일 수도 있다. 이번 조사는 사회적기업에 대한 대출 기관의 관심을 확인했다. 지난해 당좌 대월 한도를 초과한 사회적기업은 전체의 14%에 불과해 중소기업의 26%에 비해 훨씬 낮았다.

98 따라서 여러 가지 측면에서 안정된 사회적기업들의 타인 자본 조달 능력은 향상된 것으로 보인다. 그러나 2006년 조사 결과 중 다소 부정적인 부분은 특히 소규모의 사회적기업들이 중소기업에 비해 자금 조달 신청을 꺼리고 있었다는 답변이다. 다시 말해서 사회적기업에 대한 대출 거부 관행이 이제는 없어진 듯하다는 증거에도 불구하고 소규모 사회적기업들은 여전히 대출 신청이 거절될 것으로 믿는다는 것이다. 정부와 사회적기업 부문은 이러한 인지적 장애물을 극복하기 위한 노력에 참여할 수 있다. 사회적기업 전략 시행 1단계에서 중소기업국은 프로젝트 노쓰이스트(Project North East: PNE)가 사회적기업들을 위한 시범용 자금 조달 인식 훈련 자료를 개발하도록 지원했다. PNE는 사회적기업연합 및 지역개발 금

---

33 통상산업부(발표 예정) 전게서

융협회와 협력하여 교육 강사들이 이 자료를 이용할 수 있게 했다. 이 자료에 대한 반응이 좋아서 이제는 더 광범위한 대중이 이용할 수 있도록 해야 한다.

99 제3섹터청과 통상산업부 중소기업국은 지역개발기구 및 사회적기업 부문과 협력하여 사회적기업을 위한 자금 조달 인식 훈련을 시작할 것이다.

100 또한 기업들이 활동 자금을 조달하는 데 있어서 택할 수 있는 방법에 대한 이해를 돕기 위해 정부가 제공하는 정보와 자문은 사회적기업에 적합하고 이용 가능한 것이라야 한다.

101 통상산업부 중소기업국은 꼭 알아야 할 기업재무 안내서(No Nonsense Guide to business finance)의 다음 호에 사회적기업을 더 포함하는 등 기존의 '자금 조달 접근' 개입 조치에 사회적기업을 포함할 것이다.

102 대출을 이용할 담보가 부족한 유망한 기업들을 돕기 위해서 정부는 기업이 제공하는 담보를 대신할 보증을 대출 기관에 제공한다. 여기에 참여하는 대출 기관들은 제도의 요건을 충족시킬 경우 사회적기업에 대한 대출을 부분적으로 보증하기 위해 중소기업대출보증(Small Firm Loan Guarantee)을 이용할 수 있다.[34]

103 지역사회지방정부부(DCLG)와 제3섹터청은 지역사회의 자산 관리와 소유증대를 촉진하는 방법을 모색하는 일에 앞장서고 있다. 자산 기반의 발전은 조직단체의 소득 증대와 미래 차용의 확보에 도움이 된다. 이 점은 본 계획서의 뒷부분에서 더 심도 깊게 다뤄진다.

---

34 중소기업대출보증을 이용해서 대출을 제공할지 여부는 대출 기관이 감수할 상업적 결정이다.

자기 자본 조달 이용

104 타인 자본 조달 공급, 특히 유보증/담보 타인 자본 조달이 증가하는 것으로 보이기는 하지만, 사회적기업들은 여전히 위험 부담이 큰 투자를 이용하는 데 있어서 어려움을 토로한다. 자기 자본 부족은 종종 고성장 사회적기업에 장애물로 작용하고, 잉글랜드 은행 보고서에서는 '끈기 있는' 자본의 형태가 필요하다고 확인했다.

곧 발표될 통상산업부 조사 결과, 비교적 규모가 큰 사회적기업들은 규모가 유사한 중소기업들에 비해 절대적 기준으로 보았을 때 훨씬 적은 자본을 조달하는 것으로 나타났다. 물론 이 두 경우, 조달을 원했던 자본과 실제로 취득한 자본의 비율은 비슷하다. 규모가 유사한 중소기업에 비해 자금기반이 취약한 대규모 사회적기업들이 타인 자본 조달을 늘리게 되면 자사나 은행이 감수할 수 있는 것보다 더 높은 자기 자본 조달 비율이 요구되기 때문에 타인 자본 조달을 늘리기를 꺼리기 때문일 수도 있다.

105 잉글랜드 은행은 사회적기업의 자기 자본 부족 이유를 다음과 같이 요약했다.

- 대부분의 수익을 사회적 사명에 재투자하기 때문에 상업적인 금전적 보상을 제공하기 어려운 점
- 소유권 문제, 즉 사회적기업들은 기업의 취지가 변색될까 두려워서 외부 투자자들에 대한 경영권 양도를 꺼리고 실제로 법적 구조상 그렇게 할 수 없는 경우도 많다
- 사회적기업들에 대한 투자를 위한 부차적 시장의 결여

106 그러나 신탁, 재단, 윤리적 투자자 등과 같은 투자자들은 금전적 보상뿐 아니라 사회적 보상도 받아들일 준비가 되어 있으며, 따라서 해당

셋스퀘어드 파트너십(SETsquared Partnership)은 바쓰, 브리스톨, 사우쓰 햄튼, 써레이 대학교들의 기업 활동을 결합한다. 본 파트너십은 2002년에 설립된 이래, 이 파트너십은 200개 이상의 벤처 기업을 지원하였고, 대안투자 시장(AIM) 세 곳의 설립을 지원하였는데, 이들 시장의 총시가총액과, 1억 5천만 파운드 이상이 결합된 시장 자본화 개체인 대안투자시장(AIM) 세 곳을 지원하였다. '사회적 IP(Social IP)'로 명명된 지원 프로그램은 세계적 잠재력을 가진 새로운 사회적기업의 설립을 목표로 한다. 사회적 IP는 지적 재산, 소프트웨어, 노하우 등, 그리고 대학 연구 개발 활동의 결과로 나타나는 새로운 산물인 신기술로 사회와 환경에 지대한 영향을 미치는 성공적이고 재정적으로 독립된 기술 회사를 설립하는 수단이 될 뿐 아니라, 이 새로운 사회적기업들에 대한 투자를 장려하기 위해 민간 투자자들, 재단, 기금과 협력하고 있다. 현재 사회적 IP의 주요 사업은 다음과 같은 활동을 한다: 산사태 방지, 중증 장애인들을 위한 보호 경보 시스템, 재난 구조 시 정수작업, 취학 전 아동들의 학습 장애 파악.
www.setsquared.co.uk

기업의 소유권 지분을 갖지 않는 방식으로 기업에 투자할 용의도 있을 수 있다.

107 제3섹터청은 민간 투자를 늘리고 신규 투자자들 사이에 기회에 대한 인식을 제고하기 위해 '사회적' 자본 시장의 실현 가능성에 대한 옥스퍼드 사이드 경영대학원의 연구 프로젝트를 지원한다. '사회적' 자본 시장은 금전적 이익뿐 아니라 사회적 이익에도 관심이 있는 투자자들이 투자하고 거래할 수 있는 곳이다.

108 제3섹터청은 사회적기업들에 대한 민간 투자를 장려하는 방법을 조사하기 위한 두 가지 프로젝트를 위임했다. 이들 프로젝트를 통해 적절한 사회적기업들 사이에 투자에 대한 수요가 있고 금전적 및 사회적 보상을 택할 용의가 있는 투자자들로부터의 공급이 있다는 가설을 검증할 것이다. 이 프로젝트는 또한 네트워크 등 투자자들과 기업들을 아우르

는 기타 인프라의 부재가 사회적 투자의 성장에 있어서 주요 장애물인지 파악할 것이다. 두 개의 프로젝트 중 하나는 사회적기업들에게 적합한 타인 자본과 대출 또는 '준-자기 자본' 상품을 제공할 신규 투자자 유치 수단을 연구할 것이고, 다른 하나는 기업 '천사(엔젤)' 투자자들과 적절한 사회적기업을 연결하는 방법을 연구할 것이다.

109 사회적기업 부문 이외에서 정부는 단순한 정보 불균형 때문만이 아니라 비교적 소규모의 투자 결정에도 실사 과정을 적용해야 하는 비용상의 문제로 인해 증권 시장에서 발생하는 시장 실패를 해결하는 방법을 모색해 왔다. 정부는 증권 시장과 협력하여 조기 성장 기금(Early Growth Fund)과 기업 자본 기금(Enterprise Capital Fund) 등의 다양한 개입조치를 개발했다.

110 그러나 수익 조건 규정 때문에 그리고 많은 사회적기업들이 위 기금이 구매할 수 있는 주식을 발행하지 않기 때문에 위와 같은 수단이 많은 사회적기업들에게 도움이 되지는 않을 것이다. 따라서 제3섹터청은 사회적 이익과 결합된 금전적 이익에 동시에 관심이 있는 투자자들을 유치하고 투자 구조의 여러 가지 방법을 실험함으로써 정부의 현 개입조치가 사회적기업에게도 도움이 될 수 있도록 개선하는 방법의 실행 가능성을 측정할 것이다. 공공 부문과의 공동 투자는 사회적기업에 대한 민간 부문의 투자에 인센티브로 작용할 수 있고, 사회적기업에 대한 투자의 실효 가능성을 입증하는 데도 도움이 될 것이다. 첫 단계에서는 사회적기업 부문 및 금융 부문과의 협력을 통해 제안서를 작성하고, 수요를 측정하고, 최적의 모델을 결정할 것이다. 제3섹터청은 협의 결과에 따라 최고 1천만 파운드까지 투자금을 지원할 것이다.

111 제3섹터청은 이 자원을 활용하여 사회적기업을 위한 자금 조달 시장을 개선하는 최적의 방법을 협의할 것이다.

사회적기업에 대한 투자에 적용되는 세제금 혜택

112 정부는 특히 적정 공급이 이루어지지 않는 사업에 대한 투자를 장려하기 위해 세제를 이용한다. 예를 들면, 기업투자계획(Enterprise Investment Scheme: EIS)과 벤처자본신탁(Venture Capital Trust: VCTs)들은 중소기업 투자에 따른 비교적 높은 비용 때문에 자금 유치에 실패할 가능성이 높은 소규모 비상장 기업(이윤 추구 기업)에 대한 주식 투자를 성공적으로 장려해 왔다.

113 EIS는 중소기업에 대한 직접 투자를 장려하기 위해 20%의 소득세 감세 및 자본이익에 대한 다양한 세금 감면을 실시한다. VCT에 투자하면 30%의 소득세 감세와 자본 이익세 감면의 혜택이 주어지고 있다. VCT는 계속적으로 이 돈을 소규모 비상장 기업에 투자한다. 이 같은 세금 혜택은 적당한 구조를 가진 사회적기업에게도 적용될 수 있을 것이다.

114 취약한 지역사회에서 활동하는 기업들(사회적기업 포함)은 또 CDFI를 통한 투자를 최대 25만 파운드까지 인센티브로 장려하는 지역사회 투자 세금 감면(Community Investment Tax Relief: CITR)의 혜택을 받을 수 있다. CDFI의 개인 및 기관 투자자들은 5년간 매년 5%의 세금 감면 혜택을 받는다. 2005년 9월 현재 2천7백만 파운드 이상의 자금이 CITR을 통해 조성되었다.

115 경제, 사회 재건에 있어서의 제3섹터의 역할에 대한 재무부와 제3섹터청의 검토에 대한 반응으로, 정부는 사회적기업들이 이용 가능한 인센티브에 대한 설명을 들었다. 예를 들면 정부는 사회적기업에게도 도움이 되도록 CITR의 운영과 서비스를 강화하는 방법에 대한 의견이 있음을 알고 있다. 그에 따라 재무부와 제3섹터청은 중소기업국과 국세관세청과 함께 공동으로 CITR의 운영에 대한 공동 검토를 실시하고 있다. 정부는 지역

개발금융협회 및 그 회원들과 이미 진행 중인 건설적 대화에 기초하여, 정부는 모든 이해 당사자들로부터 CITR 등과 다른 인센티브 제도의 개선 방법에 대한 제안을 받고 있다. 경과보고는 2007 예산 검토 때 성과를 보고할 것이다.

사회적기업과 정부 간의 협력 지원

정부는 사회적기업들이 자신들의 전문 분야에서 공공 서비스의 입안 및 제공을 포함하는 공공 정책에 영향을 미칠 수 있게 하고자 한다.

116 사회적기업들은 공공 정책 입안자들이 직면한 문제를 공유하고 사회 불평등이나 환경문제 등의 해결책을 찾는 데 동등하게 참여한다. 그 결과 사회적기업의 상당수가 지역사회 교통, 폐기물 관리, 아동 서비스, 보건의료, 사회복지 등 공공 부문이 주요 고객인 시장에서 활동한다. 이런 환경 속에서 사회적기업들은 중앙 및 지방 정부, 지역보건소, 지방 당국 등과 계약을 체결하고 서비스를 제공하면서 정부의 이행 파트너로 일한다. 성공적인 사회적기업들은 서비스 이용자들과 소중한 관계를 맺기도 하고, 종종 고객의 요구에 부응하기 위해 새로운 방법을 개척하려는 의지를 보인다. 따라서 정부가 서비스를 조달하고, 사회적기업과 다른 제3섹터 조직단체들이 품질 요건과 자금의 가치를 충족할 경우, 시장에서 정부는 공공 서비스의 입안 및 제공에 이들이 참여하는 것을 적극 장려할 것이다.

117 그러나 사회적기업에 대한 정부의 관심은 서비스 제공에 국한되지 않는다. 사회적 회사, 소매 협동조합 또는 개발신탁 같은 다른 사회적기업

해크니 지역 교통(Hackney Community Transport: HCT)은 해크니에서 지역사회 운송 서비스 제공을 위해 1982년 설립되었다가 그 후 성공적인 대규모 사회적기업으로 성장했다.

HCT 그룹의 서비스 포트폴리오에는 런던교통공사와의 계약에 따라 운영되는 일반 버스 운행, 학습 장애를 가진 특수 교육이 필요한 사람들이나 보육 서비스가 필요한 사람들을 위해 여러 런던 자치구에서 운영되는 교통 서비스, 웨스트 요크셔의 노란 학교 버스인 '마이버스(MyBus)' 중 상당수 운행, 그리고 리즈 장애인 이용버스 서비스(Leeds AccessBus Service)가 있다.

HCT는 공개 입찰을 통해 이 서비스들을 수주했다. HCT는 접근성과 품질수준이 높은 계약에만 입찰에 참여한다. HCT는 서비스 조달에 있어 공공 부문과 민간 부문 모두에 도전장을 내밀어 왔지만, 높은 수준의 공공 서비스를 제공하기 위해서 모든 부문과 협력할 것이다.

상업 활동에 따른 이익은 지역사회 교통에 투자된다. HCT는 높은 수준의 공공 서비스의 제공 그 자체를 목표로 삼지만, 지역사회 교통 서비스에 대한 투자가 가능하기 위해서는 상업활동을 잘 운영해야 한다. HCT는 일반 교통 서비스를 이용하지 못하는 사람들을 대변하고 모든 서비스의 입안과 제공에 이용자의 의견을 반영하고자 한다.

www.hackneyct.org

들은 상업 시장이나 소비자 시장에서 활동하지만, 취약 계층의 고용이나 훈련 또는 빈곤 지역 재건 등을 통해 더 광범위한 공공 복리를 생산한다.(사례연구 23) 이들 기업들은 사회적 문제에 대해서 시장 원리에 근거한 사업적 해결책을 제시한다.

사례연구 23

리사이클링 언리미티드(Recycling Unlimited)는 창립자 에디 브룩스 자신이 정신 질환을 겪은 후 2002년 정신건강 자선단체로 출발했다. 현재 리사이클링 언리미티드는 다양한 배경을 가진 사람들에게 목공업, 목수일, 소매업, 정원 가꾸기 및 원예와 같은 직업기술을 훈련하고 직업경험을 제공하는, 사회적 포용성이 있는 사회적기업으로 스스로를 내세운다. 이 기업은 또한 다른 언어 사용자를 위한 영어교육(English for Speakers of Other Languages: ESOL)을 실시하고 기초기술훈련 및 구직에 대한 자문과 지침을 제공하고 이에 대해 안내한다. 이 기업의 주요 소득원은 상업거래 활동이다. 낡은 팔레트의 나무를 재활용해 정원 울타리, 격자 등 기타 일상정원가구를 만들어 공공기관과 일반대중 및 소수의 지역상점에 판매한다.

기업성장을 위한 에디의 계획에는 현재 소유 중인 5개의 정원확대, 제공할 유기농식품을 키울 땅이 있는 지역의 술집 매입이 포함된다.

에디의 과거의 사업 경험이 사회적기업에 대한 그의 열정에 반영되어 있다. 2006년 10월 그는 요크셔와 험버 지역의 올해의 사회적기업가 상을 수상했다. 그는 "우리는 단지 물건만 재활용하는 것이 아니라 사람도 재활용한다"고 말한다.

118 사회개선이나 환경보호를 위해 중앙정부 또는 지방정부와 사업관계를 맺는 사회적기업들은 많이 있다. 하지만 활동 분야가 공공 부문 시장이냐 민간 부문 시장이냐에 관계없이 효과적인 사업관계를 가로막는 장애물이 있는데, 이 때문에 사회적기업들이 설립 목적을 제대로 달성하지 못할 수 있다. 이 중 일부는 규모 및 역량과 관련된 것으로, 정부는 앞서 자문과 자금 조달에 관해 설명한 대로 사회적기업 부문과 협력하여 이 문제를 해결하기 위해 노력하고 있다. 그 밖에 다음과 같은 장애물이 존재한다.

- 사회적기업이 법정 서비스를 제공하고자 할 때, 위탁 및 조달 과정의 장벽으로 그렇게 하지 못하는 경우가 있다.
- 정책 입안자들이 사회적기업이 공공 정책 목표를 달성하는 데 가장

효과적인 방법인지의 여부를 평가할 수 있도록 지원하기 위해 정보 장벽을 해결하고, 사회적기업의 역할 증대를 가로막는 현실적인 문제들을 해결하기 위한 추가적 노력이 필요하다.

■ 사회적기업들은 서비스 제공의 새로운 방식을 인정받고 성장 기회를 확대하기 위해서, 정책 입안 결정자들을 대상으로 사회적기업의 위상과 신용을 높일 필요가 있다.

119 정부는 위 세 가지 문제를 해결하기 위한 조치를 진행 중이다. 본 장의 나머지 부분은 그 각각의 문제에 대한 조치를 살펴보는 데 할애된다.

공공 서비스가 제공되는 방식 개선

120 우선 정부는 사회적기업들이 계약에 의거 공공 서비스를 제공하는 데 있어 사회적기업들에게 장벽이 되는 요소 제거에 초점을 맞추었다. 각 부처는 이 같은 문제가 있는 분야의 사회적기업들, 위탁자들 및 조달 전문가들에게 지침과 훈련을 제공하고, 사회적기업과의 계약 성공사례에 대한 연구를 통해 우수 관행을 널리 알렸다. 정부는 또한 다음과 같은 노력을 펼치고 있다.

■ 사회적기업들이 공공 부문 계약을 수주하도록 돕는 툴킷 제공[35]

■ 정부조달기관의 공급자 다변화에 대한 구매자 훈련

■ 사회적기업을 통한 공공 서비스 조달의 영향에 대한 이해 증진을 위해 EU가 재정 지원하고 사회적기업 부문이 실시하는 프로젝트

■ 사회적기업을 포함하는 제3섹터의 역량 구축을 위한 1억 2천5백만 파운드의 퓨처빌더즈 기금 설립을 통해 공공 서비스 조달 사업 지원

(사례연구 24)

---

35 통상산업부(2003) 공공 조달: 사회적기업을 위한 툴킷, 런던: 통상산업부

퓨처빌더즈 잉글랜드(Futurebuilders England)
는 앞서 가는 자발적 및 지역사회 조직
과 사회적기업들의 잉글랜드 내 공공 서비스 제공의 규모와 범위를 확대하기 위한 이들
의 역량 구축을 돕기 위해 마련된 혁신적인 1억 2천5백만 파운드 규모의 투자 기금이다.
www.futurebuilders-england.org.uk

퓨처빌더즈 대출 혜택을 받은 사회적기업 중에 노팅엄셔의
맨즈필드에 위치한 소규모 사회적기업인 **빌딩블록스 솔루션**
(Building Blocks Solutions)이 있다. 4년 전 질가디너와 그레이엄
가디너 부부가 설립한 이 기업은 노팅엄셔 전역에서 정신건
강에 문제가 있는 성인들에게 혁신적이고 수준 높은 서비스를 제공한다. 현재 직원 28명
에 매출 70만 파운드의 성공적인 사업체로 성장했다. 해당 지역 주민들에게 실질적인 도
움을 주는 빌딩블록스는 정신 질환자들이 만족스럽고 지속 가능한 삶을 영위하도록 돕는
여러 가지 프로그램을 운영한다. 여기에는 주거, 수당, 연금, 고용 및 훈련 요구 등과 관련
된 지원, 자문, 지도가 포함된다. 퓨처빌더즈 잉글랜드의 재정적 지원과 투자로 최근 빌딩
블록스는 처방, 상담 또는 집중적인 정신과 서비스를 필요로 하지 않는 경미한 정신건강
및 감정상의 문제가 있는 환자들에게 비의학적 지원을 함으로써 의사들을 지원하기 위해
고안된 계획인 퍼스트 스텝(First Steps)을 확대했다. 빌딩블록스는 지역 의사들이 이 환자들
을 위해 도울 수 있는 것이 무엇인지를 물었을 때 퍼스트 스텝을 개발했다. 의사들에게
시간적 여유를 주고 환자들에게 효과적인 길잡이가 되어 줌으로써 이 서비스는 환자들에
게 선택의 여지를 넓혀 줄 뿐 아니라 의료 및 사회 복지 서비스에 대한 영향을 줄이는 데
도움이 되고 있다.
www.buildingblocks.org.uk

- '기금제공자와 구매자에 대한 재무부 안내서: 제3섹터와의 금융 관계 개선
  (2006)' 업데이트

- 2005 중소기업국의 공공 부문 시장에서의 중소기업의 가치에 대한
  조사[36] 및 재무부와 제3섹터청의 2006 지역 정보원 공동 프로젝트

---

36 중소기업국(2005) 중소기업을 통한 공공 부문의 조달의 이익에 대한 연구. **www.sbs.gov.uk**

등의 자료를 통해 사회적기업의 경험을 확보

121 이 같은 노력의 결과로, 정부 전략에 대한 외부 보고서는 정책 입안자들 사이에 사회적기업의 위상이 크게 향상되었다는 결론을 내렸다. 현재 중앙 및 지방 정부의 계약을 수주하는 널리 알려진 사회적기업들이 있으며 이들은 사용자에게 더 나은 서비스를 제공하기 위해서 위탁이 이루어지는 방식에도 영향을 미친다.

122 100개 이상의 레저 신탁이 지역 서비스를 담당하는 레저 부문과 같이, 과거에 공공 부문이 제공하던 서비스를 사회적기업 모델이 지금 성공적으로 담당하고 있는 분야들이 있다.

123 그러나 정부는 사회적기업들이 다른 잠재적 공급자들과 동등한 위치에서 공정하게 경쟁할 수 없는 경우가 너무나 많다는 것을 알고 있다.[37] 제 3섹터의 공공 서비스 제공의 지속적인 장애 요소들을 제거하기 위해서 정부는 2006년 하반기에 발표될 예정인 범정부 차원의 제3섹터의 공공 서비스 육성 계획을 시행할 것이다. 공공 서비스 육성 계획은 많은 문제를 공유하는 제 3섹터 전체를 위한 것이다. 이 육성 계획은 사회적기업들과 제3섹터의 다른 단체조직들이 서비스를 입안하고 제공하는 역량을 강화하고 서비스의 책임성을 높이는 방법을 모색할 것이다.

124 공공 서비스 육성 계획의 목표는 정부와 제3섹터가 평등한 제휴관계 속에서 협력하여 서비스를 개선하도록 하는 것이다. 이것은 사회적 배제 해결을 위한 육성 계획[38]과 지방 정부 백서를 기초로 제3섹터의 기회 분야를 파악하고 위탁 및 계약 관행을 개선하는 조치를 포함할 것이다.[39]

125 지방 정부 백서는 경연, 공개적이고 공정한 경쟁 등을 통한 지방 정부

---

37 국가회계감사원(2005) 제3섹터와 협력하기
38 내각사무처(2006) 포용하기: 사회적 배제 해결을 위한 육성 계획
39 지역사회지방정부부(2006) 강력하고 번영하는 지역사회-지방정부 백서

서비스를 개선하기 위한 다양한 방법을 제시한다. 그 방법에는 서비스의 수준이 낮은 부문에서 경쟁을 확대하고, 경쟁의 역할과 경쟁에 대한 시행 규정을 늘리는 것이 포함된다. 지역사회지방정부부(DCLG)는 또한 불공정 및 불법 조달에 대한 서비스 공급자들의 불만에 대한 반응으로 감사 위원회와 협력하여 지명 감사의 역할을 명확히 하고, 필요한 경우 감사의 역할을 강화할 것이다.

126 지방 정부 백서는 법정 지침에 명시되어 있는 프레임워크를 통해 지방 당국이 서비스 제공에 대한 협의의 해석에서 벗어나 위탁자의 역할을 할 것을 장려하고 있다. 이를 보완하기 위해서 지역사회지방정부부는 다른 정부부처, 위탁자, 공급자들과 함께 지방 정부 서비스 시장을 개발하고 구체화할 기회를 모색할 것이다.

127 백서와 함께 지역사회지방정부부는 서비스 개선을 위한 새로운 틀을 제시하는 보고서를 발표했는데, 여기에는 사회적기업들이 더 큰 역할을 할 것으로 기대되는 다양하고 경쟁적인 시장의 성장을 통한 방법이 포함되어 있다.[40] 특히 이 보고서는 일반 및 특수 버스 서비스, 도시 폐기물 수집 및 재활용, 지역사회 스포츠, 청소년 서비스 등 사회적기업을 포함하는 제3섹터를 위한 잠재적 성장 분야를 명시한다. 이 보고서는 또한 제3섹터의 사회적기업이 기존의 서비스 제공 방식에 도전함으로써 서비스 수준을 향상시키는 것을 장려한다. 올해 말 지역사회지방정부부가 발표할 토의서에는 이들 분야 중 몇몇 분야의 잠재력이 좀 더 자세히 설명될 것이다.

128 북동지역우수센터(The North East Regional Centre of Excellence: RCE)는 사회적기업과 다른 제3섹터 단체들에 대한 지역우수센터의 활동을 조율하고 촉

---

40 지역사회지방정부부(2006) 지방 정부를 위한 장기 전략을 지원하기 위해 지방 정부 서비스 시장을 발전시키기

진시키기 위한 주요 센터로 지명되었다. 북동지역 우수센터는 점진적으로 제3섹터와 관련되 위탁 및 조달 관행을 개선하는 노력을 주도하기 위한 역량 구축을 위한 국가 프로그램을 개발할 것이다. 여기에는 표준 계약과 계약 해결책, 선별된 회원과 임원을 위한 인식 향상 및 기술 훈련, 전문가 지도 및 지원 이용, 그리고 제3섹터의 위탁자와 제3섹터 공급자 사이의 보다 효과적인 대화 촉진 등이 포함된다.

129 제3섹터 단체들이 자주 제기하는 한 가지 문제는 공공 서비스 조달에 있어 계약 비용에 포함되지 않는 공공 서비스에 대한 추가적인 이익을 제공한다는 사실이다. 효과적인 서비스의 성장을 장려하기 위해서 이들 조직이 창출하는 광범위한 사회적 기여를 자금 지원 관계에 포함시키는 다양한 방법이 있다. 여기에는 특정 활동에 참여하는 단체들을 위한 보조금, 사회적 성과를 위한 별도의 위탁, 계약서에 '사회조항' 포함하기 등이 있다. 제3섹터청은 사회조항의 사용에 대한 연구와 이에 대한 장벽을 낮추기 위해 열심히 노력하고 있다.

130 전국적으로나 지역적으로, 위탁자들은 광범위한 사회적 혜택을 자금 지원 계약에 포함시키는 방법을 결정할 최적의 위치에 놓여 있다. 그러나 그렇게 하는 데 있어서 이들은 많은 장벽에 부딪힌다. 사회조항 및 그와 관련된 방법들이 매우 복잡해서 위탁자들이 독자적으로 해결하기는 어렵다.

131 제3섹터청은 북동지역 우수센터와 협력하여 중요한 사회적 결과물에 대한 몇 가지 기본적 사회조항을 효율적으로 이용하는 수단으로 활용하도록 파트너들과 협의할 것이다. 제3섹터청은 또한 서비스 위탁자 중 사회조항을 혁신적으로 사용하고 있는 기관들과 협력함으로써 그들의 경험과 사회조항 이용에 수반되는 비용에 관해 배우고, 이를 통해 선진 관행을 도출할 것이다.

132 여러 분야에서 사회적기업들이 공공 서비스 제공의 다양한 파트너 중

하나로 간주되는 사례가 나타난다. 예를 들면 주로 지역사회 조직들이 선구자 역할을 해 온 재활용 분야에서 요즘은 사회적기업들이 계약 수주를 위해 다른 기업들과 경쟁을 벌인다. 사회적기업들이 계약을 수주하게 되면 재활용 목표를 달성하는 것 외에 고용 기회도 제공할 수 있게 된다.

133 환경식품농업부는 2006년이 가기 전에 잉글랜드 지역을 위한 개정된 폐기물 전략을 발표할 것이다. 이 전략은 사회적기업에 대한 정책과 지속 가능한 폐기물 관리에 있어서 사회적기업의 역할을 증대하기 위해 시행 중인 조치들에 대해 설명할 것이다.

134 보건 의료 및 사회복지 분야에서, 사회적기업들은 이미 안정된 업체로서 일차 의료, 건강한 생활 촉진, 노인 돌보기, 정신질환자나 만성질환자들에 대한 지원을 제공한다. 2006년 1월 백서: 당신의 건강, 돌봄, 발언권(Your Health, Your Care, Your Say)을 발표한 후, 보건부는 이 분야에서 사회적기업의 발전을 지원하기 위해 사회적기업 담당부서를 신설했다.

135 특히 보건부와 제3섹터청은 다음 사항에 관해 협력한다.

- 위탁자 요건에 맞게 보건 의료 및 사회복지 서비스를 제공하려는 사회적기업의 진입을 지원하고, 특히 환자와 이용자의 편의에 맞는 새로운 형태의 서비스 개발을 촉진한다.
- 2006~2007년 및 2007~2008년의 정보원 프로그램을 주도하여 국립보건서비스(NHS) 및 지역 당국 내의 많은 사회적기업 모델 설립을 희망하는 이들을 지원하고, 보건 의료 및 사회복지 시장으로의 진출을 희망하는 기존의 사회적기업과 다른 제3섹터 단체들을 지원한다.
- 사회적기업 투자 기금을 설립하여 보건 의료 및 사회복지 분야의 사회적기업의 설립을 지원하고, 여기에 투자하며, 자금 정책을 개발한다.

사례연구 25

supply2.gov.uk
supplier route to government

서플라이2(Supply2.gov.uk)는 정부의 기관 전반에 걸쳐 일정액 이하의 모든 공공 부문 계약에 대한 '신청을 위한 첫 관문(포털)'이다. 본 사이트에서는 정부 기관들이 보통 10만 파운드 이하의 계약을 한 곳에 공고하게 함으로써, 이 사이트는 사회적기업을 포함한 모든 형태의 기업들이 중앙 및 지방 정부의 계약기회에 대한 정보를 얻을 수 있게 한다. 또한 역으로 공공 부문 구매자들에게는 공급업체 선택의 폭이 넓어지고 잠재적으로 보다 혁신적이고 가치 있는 상품과 서비스를 이용할 수 있게 한다.

이 사이트는 2006년 3월 문을 열었고, 업계와도 연결되도록 비즈니스 링크와 제휴를 맺고 있다(공동브랜드). 지금까지 13,000건 이상의 입찰기회가 공고되었으며, 26,000 공급자와 2,800 구매자가 이 포털에 등록되어 있다.

www.supply2.gov.uk, www.business.link.gov.uk

■ 파트너들과 함께 보건 의료 및 사회복지 분야의 제3섹터 위탁추진단(Third Sector Commissioning Task Force)의 권고사항을 이행한다.

136 정부는 또한 일반 기업 및 사회적기업들이 새 계약 기회를 쉽게 알 수 있도록 하기 위한 조치를 취할 것이다. 중소기업들은 대기업에 비해 계약 기회를 알아내고 선호 공급자 명단에 등재되는 데 있어 더 큰 어려움을 겪는다. 정부 포탈 사이트인 서플라이2(supply2.gov.uk)(사례연구 25)는 공공 부문 전체의 계약 기회에 대한 정보를 통합하기 위해 구축되었다.

137 제3섹터청은 중소기업국, 정부조달기관, 지역개발가구를 위시한 파트너들과 협력하여 서플라이2 포탈을 사회적기업들에게 홍보할 것이다.

제휴관계를 통한 협력-기회 촉진

138 정부는 공공 정책의 여러 분야에서 사회적기업들이 제휴관계를 통해 일함으로써 사회적, 경제적 목적을 달성하는 방법을 고려하기 시작했

농촌 교통의 지속 가능성 향상에 있어서 사회적기업의 역할

지역사회교통협회(Community Transport Association: CTA)에 따르면 현재 농촌 지역에는 약 700개의 지역사회 교통계획이 실시되고 있으며, 이 중 상당수가 기업적 방식으로 운영되는 시스템, 다시 말해 전체 소득의 절반 이상이 보조금과 기부가 아닌 서비스 이용료와 계약 대금에서 얻어지는 경우로 평가된다.

교통부(DfT)는 지역사회 교통계획이 재정적 안정성을 높일 정도로 상당한 잠재력이 있기 때문에, 지금보다 더 기업화된 점에 초점을 맞춘다면 자신들의 사회적 목적을 더 잘 달성할 수 있을 거라고 믿는다.

교통부는 지역사회교통협회 및 플렁킷 재단(Plunkett Foundation)과 함께 농촌 교통의 지속 가능성 향상을 위한 사회적기업의 이용에 대한 연구를 실시했다. 이 연구는 지역사회 교통계획이 지금보다 더 기업화함으로써 재정적 안정성을 증진시킬 수 있는 상당한 잠재력이 있다는 점을 보여 줬고, 이를 위한 최선의 관행 모델을 확인했다. 이 연구 결과는 2006년 11월 16일 전국 사회적기업의 날에 발표되었다. www.plunkett.co.uk

www.communitytransport.com

다. 대부분 여기에는 다양한 상황에서 서로 다른 사회적기업들이 기여할 수 있는 부분에 대한 연구가 수반된다.(사례연구 26)

139 2012 런던 올림픽과 장애인 올림픽은 사회적기업들이 올림픽 파트너들과 협력하여 올림픽 경기의 주된 목표를 이루게 할 특별한 기회가 될 것이다. 올림픽 위원회는 업계 및 지역사회의 다양한 파트너들이 2012 런던 올림픽 경기 개최에 기여할 수 있도록 최선의 노력을 다하고 있다. 여기에는 올림픽 경기의 경제, 사회, 보건 및 환경적 혜택을 극대화하는 데 있어서 사회적기업의 역할을 인정하는 것을 포함한다. 이를 위해서

- 제3섹터청은 사회적기업들이 올림픽 유산에 기여할 수 있는 기회에 대한 조사를 사회적기업 런던(Social Enterprise London)에 위탁했다. 몇 가지 일부 기회는 서비스 조달을 통해서 나올 것이고, 다른 기회는 지역 재건 및 지역사회 참여를 통해 창출될 수 있다.(사례연구 27)

워터 시티(Water City)는 동부 런던인들을 로워 리밸리(Lower Lea Valley)의 부두, 강, 운하와 다시 연결하고, 이 분단된 지역에 물리적이면서도 인간적인 다리를 놓으며, 협력을 통해 의존이 아닌 기업활동으로 정의되는 새로운 장소를 만들 일종의 소중한 기회이다.

워터 시티 계획은 브롬리바이보우 센터(Bromley by Bow Centre)와 그 파트너들의 선구적인 사회적기업에 관한 연구에서 비롯되었다.(브롬리바이보우 센터는 새 올림픽 공원에서 2000야드 거리에 있다.)

워터 시티는 공공 부문 기관이 로워리밸리에서 수년간 프로젝트를 계획하고 기업과 사회적기업을 설립해 온, 기업과 사회적기업가들의 방대한 네트워크를 발전시킬 수 있는 중요한 기회이다.

2012 올림픽은 동부 런던 지역사회에 길이 남을 유산을 전해 줄 기회를 자극하는 촉매가 될 것이다.

www.watercity.org.uk

■ 올림픽 준비국(Olympic Delivery Authority)은 모든 공공 계약 경쟁이 공개적이고 공정하게 이뤄지고, 단지 비용뿐 아니라 올림픽 유산의 지속 가능성 측면에서 비용 대비 최고의 가치를 제공할 수 있게 하기 위한 조달 정책을 개발하고 있다.

■ 런던개발기구는 올림픽을 활용해 기업과 기업가정신을 통한 고용에 실업자들을 참여시키기 위한 수단으로「2012 런던고용 및 기술추진단(London Employment and Skills Taskforce)을 통해 2007년 4월부터 영세기업과 사회적기업 설립 프로그램을 지원할 것이다.

140 그 밖에 사회적기업의 기여에 대한 조사가 실질적인 혁신을 낳은 경우도 있다. 통상산업부는 저렴한 에너지공급에 대한 목표 달성을 위해 사회적기업 모델의 활용방안을 모색하였고(사례연구 28), 통상산업부와 내무부는 제소자와 전과자들을 겨냥한 기업 제공을 파악하고 검토하기 위

해 협력하고 있다.(사례연구 29)

141 정부가 사회적기업의 역할을 연구한 또 다른 분야는 빈곤 지역 재건이다. 이 분야에서 사회적기업은 다음과 같은 일을 할 수 있다.

■ 특히 빈곤 지역과 취약 계층을 대상으로 기업의 위상과 인지도를 높인다.

■ 기존의 영리추구 기업 모델이 제대로 운영되지 않거나 실효성이 없

는 지역에 기업을 설립하고 고용을 창출한다.

- 이용이 편리한 학습 및 훈련 기회를 지역 주민들에게 제공한다.
- 다른 여러 가지 재원을 통해 자금을 조달한다.
- 사회 네트워크 구축을 돕고 광범위한 지역사회 통합에 기여한다.

142 연구 결과 도시의 사회적기업들은 빈곤이 심각한 지역에 위치하는 경우가 많아서, 1/3이 20% 최빈곤 지역에서 활동하는 것으로 나타났다.[41] 환경식품농업부의 포용을 위한 기업(Enterprise4Inclusion) 행동 연구 프로그램 사업은 사회적기업 방식을 사회적 배제의 해결을 비롯한 다양한 지역사회 목표를 달성하는 수단으로 활용하려는 농촌 지역의 지대한 관심을 설명한다.[42] 사회적기업 방식은 서비스 이용 가능성 개선에 효과적일 수 있으며, 소득 및 사회적 빈곤 퇴치에도 도움이 될 수 있다.

143 단일재건예산(Single Regeneration Budget) 프로그램을 통해 발전한 사회적기업들을 보면 공공기금을 활용하여 추후 지속 가능하고 독립적인, 다양한 소득원을 창출할 수 있는 단체를 설립할 수 있음을 알 수 있다.(사례연구 30, 31) 지역사회지방정부부는 지속 가능한 지역사회 건설에 기여하는 사회적기업의 잠재력을 확대하고자 한다.

144 재건 분야에서의 사회적기업 활동을 촉진하는 하나의 기회는 재무부, 지역사회지방정부부, 통상산업부의 공동 프로그램 사업인 지역기업성장이니셔티브사업(Local Enterprise Growth Initiative: LEGI)에 있다. 이 이니셔티브의 취지는 기업과 투자를 통해 지역 소득, 고용기회, 기업 성장을 높이는 것이다.[43] 2006년 2월에 발표된 1차에서의 LEGI의 10건의 성공적

---

41 IFF 연구(2005) 영국 사회적기업 조사. 런던: 중소기업국
42 농촌 지역의 사회적 배제 해결을 위해 사회적기업들이 담당할 수 있는 역할을 조사하기 위한 환경식품농업부의 2005~2006 농촌 지역의 자발적 및 지역사회 부문과 사회적 포용 프로그램의 일부
43 www.neighbourhoodrenewal.gov.uk/page.asp?id=1696

사례연구 30

쇼어디치 트러스트(Shoreditch Trust)는 트러스트 계승전략에 사회적기업 모델을 활용한다. 목표는 지역사회를 위한 뉴딜(New Deal for Communities)의 10년 기금 프로그램이 끝난 후에도 지속적인 서비스를 지원할 수 있는 소득원을 마련하는 것이다. 쇼어디치 트러스트는 시장리더들과 제휴를 맺음으로써, 공공과 민간 부문의 전문성을 결합한다.

이에 해당하는 한 가지 벤처가 유명한 디지털 브리지(Digital Bridge)로 이 사업은 수상 경력도 있다. 디지털 브리지는 ITN과 홈초이스(Homechoice) 등의 파트너들과 함께 영국 최대의 광역 인터넷 보급지역에 서비스를 제공한다. 이 서비스를 영국 전역에 제공할 계획도 가지고 있다. 또 다른 벤처로는 쇼어디치 부동산 회사(Shoreditch Property Company)가 있다. 이 사회적기업은 기존의 자산 포트폴리오를 이용해 자산기반과 소득원을 늘려 2010년 이후의 쇼어디치 트러스트 운영에 대비할 것이다.

www.shoreditchtrust.org.uk
www.digitalbridge.co.uk
www.shoreditchpropertycompany.co.uk

입찰은 이 프로그램 사업내에서 사회적기업의 기여를 증명했다. 이들은 사회적기업 부문의 성장을 지원했고, 더 광범위한 LEGI의목표를 달성하기 위한 목표를 포함했다.

145 1차 입찰 경험을 바탕으로, 사회적기업들이 LEGI 제안을 통해 활발하게 지원되는 방식을 설명하는 구체적인 지침을 마련해 모든 2차 입찰자들에게 배포했다. 지방당국은 지역 전략 파트너십(Local Strategic Partnership)과 협력하여 현재 정부 기관과 논의 중인 지방 계약(Local Area Agreements)의 일환으로 사회적기업을 후원하는 행동을 포함하도록 독려받고 있다.

146 지역사회지방정부부는 제3섹터청, 환경식품농업부, 통상산업부와의 협력하에 성공 사례를 활용하여 일반 재건기금이 지속 가능한 사회적기업 모델을 개발하는 데 사용될 수 있게 하는 방법을 추진할 것이다.

사례연구 31

지역사회 벤처 유한책임회사(Community Ventures Limited: CVL)는 1980년대 시티 챌린지(City Challenge)가 자금을 지원한 이스트미들즈브로우(East Middlesbrough) 지역사회 벤처로 시작되었다. 지금은 전국적으로 활동하고, 60명의 지역 주민을 고용한 연 매출 130만 파운드의 성공적인 사회적기업이 되었다. 주요 사업 분야는 경비 서비스와 공공 부문(미들즈브로우는 영국 정부 기관 중 최초로 공공 영역 오디오 경보음 시스템을 도입한 곳이다), 가정 및 소매상점, 사회적 부문의 취약근로자들을 위한 혼자 일하는 근로자 보호 모니터링에 경보 및 CCTV 모니터 공급 서비스를 제공하는 것이다. 이 회사는 지역사회 안전경보 이니셔티브를 운영하고, 또한 비영리 단체들에게 시스템 및 지속 가능성에 대한 상담 서비스를 제공하며, 지역 주민들이 ICT 기술을 배우고 사회적 기술학습을 발전시킬 수 있도록 영국 온라인컴퓨터센터를 운영한다. 이사회는 지역사회와 기업대표를 포함하고, 일상적인 운영은 전문경영 이사회가 지휘한다. 현재 약 15만 파운드에 달하는 연 이익은 지역사회 이익을 위해 재투자된다.

이메일: **cv@cvl.org**

147 정부는 빈곤 지역의 경제활동수준을 높이는 것 이외에도, 지방단체들이 해당 지역사회와 서비스에 대한 통제를 강화하도록 돕는 데 관심을 가지고 있으며, 그에 따라 지역사회 단체들이 자산을 최대로 활용하는 것을 억제하는 '환수(clawback)' 규정(정의 4)을 완화했다. 그 후 지역사회지방정부부는 개정된 규정이 지역사회지방정부부가 후원하는 프로그램에 어떻게 적용되는지에 대한 지침을 발표했다. 보다 광범위하게는 규정상의 이와 같은 변화에 대한 적절한 이해와 이행을 확인하는 작업이 지속적으로 필요하다.

148 지역사회지방정부부는 지방 당국에 '환수' 지침을 발표하고 홍보할 것이며, 이 지침은 기금제공기관이 양도된 자산에 대한 권리를 어느 정도 유지해야 하는

지를 명시한다는 내용을 포함한다.

149 어떤 경우에는 과거에 공공 부문이 소유했던 자산의 소유권을 양도받음으로써 지역사회에 기반한 사회적기업들이 지역 재건에 더 큰 공헌을 할 수 있게 된 경우가 있었다. 지역사회지방정부부와 제3섹터청은 잠재적 위험과 수반 비용을 충분히 고려하면서, 자산의 지역사회 관리와 소유(특히 소유권이 현재 공공 부문에 있는 경우)의 증대를 촉진하는 방법을 모색해 왔다.[44]

150 이미 실시된 방법을 발전시키기 위해서 지역사회지방정부부는 르위셤(Lewisham) 보로우 구위원회 회장인 배리 쿼크가 의장직을 맡는 독립적인 평가조사를 위탁했다. 2007년 봄에 발표될 평가보고서에서, 이 조사는 공공자산의 지역사회 관리와 소유에 있어서의 장벽이 되는 요인들을 추가적으로 살펴볼 것이다. 이 보고서는 기존의 권력과 정책을 점검하고 이 권력을 어떻게 더 잘 사용할 수 있는지, 불필요하게 남아 있는 장벽은 무엇인지, 이를 극복하기 위해 추가적인 권력 및 정책 변화가 요구되는 분야는 무엇인지를 조사할 것이다. 조사 결과 조기 이행을 위한 실질적 제안들을 제시하는 육성 계획이 마련될 것이다. 한편 정부는 지방

---

44 지역사회지방정부부(2005) '시민 참여와 공공 서비스: 지역공동체가 중요한 이유. 왜 동네가 중요한가'에 기초해 발전시킴

자산을 소유하기를 원하는 제3섹터 단체들을 지속적으로 지원할 것이다. 지방 정부 백서에 발표된 바와 같이, 제3섹터청은 지방 당국이 지역사회 단체들에게 양도하고자 하는 건물의 수리 및 보수 공사에 자금을 지원하기 위한 기금을 설립할 것이다.

151 더 넓게 보면 기후 변화, 세계화, 고령화 같은 중대한 문제를 해결하는 데 도움이 될 수 있는 사회적기업의 역할을 평가하기 위한 추가적인 조치가 필요하다. 이러한 주요 사안들은 2007 종합 지출 보고서의 주제이며, 이들 문제의 해결을 위해 정부와 협력하는 제3섹터의 능력을 극대화하는 방법에 대한 협의가 진행 중이다.

사회적기업 부문 의견 청취

152 정부는 2002년 사회적기업을 대표하는 일관된 목소리가 없다는 문제를 해결하기 위해, 첫 3년간의 자금 지원을 통해 사회적기업연합의 설립을 지원했다. 그 결과 사회적기업 부문에서 활동하는 다양한 기존 대표 단체들을 한데 모을 수 있게 되었다.

153 사회적기업연합은 설립된 이래 회원기반을 구축하고 간행물 발간 및 행사 개최를 통해서 회비 및 계약 소득으로부터의 수익을 늘려 왔다. 정책 개발에 기여하는 사회적기업연합과 그 회원들의 역할은 회비를 내는 회원들뿐 아니라 정부에게도 도움이 된다.

154 2005년 여름, 정부는 국가 차원에서 자발적 및 지역사회 부문을 대표하고자 하는 단체와 파트너십의 신청을 받았다. 그 이후 제3섹터청은 가장 효과적으로 그 역할을 수행할 능력을 보인 단체들과 전략적인 자금 지원 계약을 체결했다. 기존의 전략적 파트너에는 개발신탁협회와 지역사회 행동 네트워크를 포함해서 사회적기업연합의 회원 일부가 속해

있다.

155 이 전략적 자금 지원 프로그램의 책임은 현재 제3섹터청에 있다. 제3섹터청은 이제 이 프로그램을 확대해 국가 차원에서 사회적기업을 대표하는 더 많은 단체들에게 3년간의 전략적 지원을 제공할 것이다. 제3섹터청은 단체들이 매년 추가적으로 80만 파운드씩 3년간 지원받을 수 있는 입찰에 참가 신청을 받을 것이다. 이 자금 지원의 취지는 사회적기업 대표 단체들이 정부와 협력하여 사회적기업의 위상을 높이고 정책에 영향을 미치게 하려는 것이다. 이로 인해 사회적기업연합을 통한 높은 수준의 대표 구조를 재확인하게 될 뿐 아니라, 필요하다고 증명될 경우 다른 여러 국가 차원의 파트너들에게도 기회가 주어질 것이다.

156 이 자금은 대표 단체를 통해 의사표현을 하는 사회적기업의 능력을 신장시킬 것이다. 회원사들의 경험에 대한 증거를 수집하고 발표하며, 공공 정책 목표가 사회적기업을 통해 보다 효과적으로 달성될 수 있는 방법을 제시하고, 또는 법규나 정책 틀의 변화가 사회적 목적을 추구하려는 사회적기업의 능력에 어떤 영향을 줄 수 있는지를 설명하는 것은 대표 단체들의 몫이다.

157 대신 정부는 사회적기업 대표 단체들이 정책 입안자들과 충분히 논의할 수 있게 할 것이다. 2006년 5월 신설된 제3섹터청은 내각사무처 산하의 비중 있는 기관으로서 소속이 다른 부처들 사이에 사회적기업의 인식을 제고시키기 유리한 위치에 놓여 있다.

이행 보장

이 육성 계획은 빠르게 진화하는 사회적 부문에서의 상시 과정의 일부이다. 어떠한 이해당사자들로부터의 의견이나 제안도 모두 환영한다.

이메일 주소는 socialenterprise@cabinet-office.x.gsi.gov.uk이며, 우편 주소는 Social Enterprise Unit, Office of the Third Sector, Cabinet Office, 35 Great Smith Street, London SW1P 3BQ(런던 SW1P 3BQ 그레이트 스미쓰 가 35번지 내각사무처 제3섹터청 사회적기업 담당)이다.

158 본 전략은 범정부적인 것이다. 내각사무처 제3섹터청이 사회적기업 관련 정책을 담당하지만, 개별적인 행동은 중앙, 지역, 지방 차원의 다른 정부 기관이 취하게 될 때가 많다.

159 제3섹터청은 타 정부부처, 전략적 사회적기업 파트너, 사회적기업 홍보대사 및 기타 관계자들과 협력하여 이 육성 계획을 이행함과 동시에 정부와 사회적기업 부문 간에 정기적인 정보 공유가 이뤄지게 할 것이다.

160 본 육성 계획에 설명된 4개 주제에는 보다 강력한 경제성장과 사회정의 실현에 기여하는 역동적이고 지속 가능한 사회적기업이라는 비전 달성을 위한 추진 방안이 포함된다. 각각에 성과 지표가 있다(그림 2).

161 성과 지표는 일반 기업 조사에서 가져온 것으로, 2005년 실사 때 최초

[그림 2] 성과 지표

비전			
보다 강력한 경제성장과 공정한 사회정의 실현에 기여하는 역동적이고 지속 가능한 사회적기업			
경향 지표			
사회적기업에 대한 정부의 정의에 적합한 기업의 수가 증가하는 경향 출처: 사회적기업의 수적 규모에 가중치를 둔 연례 중소기업 조사			
전략			
사회적기업의 성장을 다음의 네 가지 방법으로 장려한다.			
사회적기업 문화 육성	올바른 정보와 조언의 제공	적절한 자금 조달 지원	사회적기업과 정부의 협력
성과 지표 고용과 인지도를 통한 사회적기업에의 참여 수준 출처: 통상산업부 가계조사	**성과 지표** 사회적기업의 비즈니스 링크 이용률 및 만족도 측정 출처: 지역개발기구	**성과 지표** 사회적기업의 자금 조달 현황을 그에 상응하는 일반 기업들의 표본과 비교 출처: 중소기업 금융에 대한 통상산업부 조사의 추가서류	**성과 지표** 사회적기업/제3섹터 단체들의 정부 조달 경험을 평가 출처: 제3섹터청(제3섹터청이 가장 적절한 방법에 대해 협의할 것임)

로 사회적기업에 해당하는 질문이 추가된 것을 활용한 것이다. 예를 들면, 연례 중소기업조사는 사회적기업의 규모 추정치를 상시적으로 제공할 것이며, 2년에 한 번 실시되는 가계조사는 잠재적 기업가들의 사업 동기와 사회적기업의 인지도에 대한 상시적인 정보를 제공할 것이다.

162 본 육성 계획의 추진경과에 설명된 활동에 대한 정기적인 성과 보고서는 다음의 내각사무처 웹사이트에서 확인할 수 있다.

www.cabinetoffice.gov.uk/thirdsector

부록

부록 1: 실무 그룹 회원

본 육성 계획은 정부 부처, 지역개발기구, 사회적기업연합 그리고 사회적 기업 부문의 다른 단체들이나 사회적기업에 큰 관심을 가지고 있는 다른 단체의 대표로 구성된 실무 그룹의 도움과 정보를 제공받아 마련될 수 있었다. 각 지방 정부와 북아일랜드 행정부 또한 도움을 주었다.

이름	단체
힐러리 노만	제3섹터청, 사회적기업 담당부서
아델 블레이크브루	지역사회 행동 네트워크
앤드류 로빈슨	RBS 냇웨스트
클레어 글로솝	영국 자발적 단체 연합
헬렌 세이무어	영국 협동조합
조나단 블랜드	사회적기업연합
샐리 레이놀즈	영국 사회적회사
스티브 와일러	개발 신탁 협회
루시 핀들리	RISE
스티븐 시어즈	ECT 그룹
마크 세스넌	그린위치 레저 주식회사(스포츠와 레저 트러스트 협회 대표)

로웨나 영	사이드 경영대학원
리처드 모어튼	플렁킷 재단
로자 윌킨스	중소기업국
캐스린 패커/홀리 예이츠	환경식품농업부
샐리 콜리어	조달청
콜린 존스/사프라즈 샤픽	지역사회지방정부부
재닛 무어	교육기술부
앨리스 갤빈	재무부
리처드 클라크	제3섹터청
케이트 애니슨	동남잉글랜드개발기구

부록 2: 잉글랜드지역개발기구와 자치정부

영국 내 모든 지역과 국가는 지난 수년 동안 사회적기업에 대한 분명한 접근법을 개발했다. 아래는 잉글랜드 지역, 북아일랜드, 스코틀랜드 및 웨일즈가 택한 방법에 대한 개괄적인 설명이다.

잉글랜드지역개발기구

잉글랜드의 지역개발기구들은 1999년 9개 잉글랜드 지역의 지속 가능한 경제성장을 뒷받침하기 위해 설립되었으며, 촉매가 되는 개입과 투자를 통해 지역경제발전을 지원하는 전략적 리더십 역할을 한다.

각 지역개발기구는 단일 프로그램(Single Programme, 또는 Single Pot으로도 알려짐) 기금 방식에 기초해 중앙 정부로부터 일정한 기금을 지원받는다. 단일 프로그램 방식은 각 지역 내의 상대적 빈곤 및 경제 활동과 관련된 각종 요소에 가중치를 둔 것에 기초한다.

각 지역개발기구는 해당 지역의 경제적 필요에 부합하는 지역경제전략 (Regional Economic Strategy: RES)의 개발을 주도할 책임이 있다. 지역경제전략은 공공 부문, 민간 부문 및 제3섹터의 다양한 파트너들을 대상으로 경제발전 촉진을 위한 개입의 초점을 설명하는 전략적 문서이다. 각 지역개발기구는 또한 지역개발기구 국가적 과제 틀(RDA National Tasking Framework)에 부합하는 기업 계획(Corporate Plan)을 준비한다. 지역개발기구의 기업계획은 투자와 지원에 있어서 지역개발기구의 지역적, 경제적, 전략적 우선순위가 지역경제 전략 이행에 어떻게 기여하는지를 설명한다.

지역개발기구는 또한 중앙에서 지방차원으로 이관된 여러 가지 독특한 프로그램의 관리를 담당한다. 2005년 4월 지역개발기구는 비즈니스 링크 네트워크의 지역관리에 대한 책임을 맡게 되었다. 비즈니스 링크는 영국 내 기업 지원의 관문으로서, 주로 공공 자금 지원으로 운영된다. 비즈니스 링크는 지역개발기구의 감독하에서 영국 내 중소기업에 대한 기업 지원 이용을 위한 정보, 진단을 제공하고 이를 중개한다. 지역개발기구는 사회적기업을 비롯한 잉글랜드 내 모든 중소기업에 적절한 정보, 진단, 중개 모델을 통해 기업 지원을 하기 위해 노력하고 있다.

지역개발기구의 사회적기업 정책

자금지원을 지역개발기구로 이관한다는 원칙은 지역이야말로 지속 가능한 경제성장이라는 원칙을 지원하기 위해서 지역 차원에서 요구되는 개입을 결정하기에 최적의 위치에 놓여 있다는 논리에 근거한 것이다.

지역개발기구는 지역의 지속 가능한 경제발전을 위한 주요목표를 달성하는 데 있어 다음과 같이 사회적기업이 기여할 수 있는 잠재력을 전략적으로 인식한다.

- 혁신과 경제적 포용을 통한 생산성 향상
- 경제, 사회, 환경적 부가가치를 창출하는 공공 서비스 조달 모델을 통해 공공자금의 영향을 극대화
- 지속 가능한 경제성장의 모델 정립

지역개발기구는 사회적기업은 본질적으로 기업 모델이며, 다른 기업과 마찬가지로 아래 두 가지 주요 방법을 통해 사회적기업이 시장에서 경쟁할 수 있도록 도와주는 데 초점을 맞추어 개입해야 함을 인식한다.

- 시장 파악
- 활동 장벽 제거

지난 3년간 잉글랜드 내 9개 지역개발기구들은 위 두 가지 목표 달성을 위해 다음과 같은 다양한 활동을 통해 해당 지역 내 사회적기업들을 지원해 왔다.

- 전문적 인프라 지원
- 주요 모델과 시장에 대해 지역적, 국가적 중요성을 가지는 사업 시범 실시
- 이해증진 및 인식제고 프로그램
- 필요한 경우 전문적 조언과 금융 상품 개발
- 공공 부문 시장 내에서의 정책 개입
- 직업개발 교육훈련 프로그램 개발

각 지역개발기구가 고유한 우선순위를 가지고 있지만, 전국적으로 지역

개발기구를 통한 잉글랜드의 사회적기업에 대한 지속적 투자와 지원은 아래 주요 정책 원칙에 기초할 것이다.

- 다른 기업들과 동등한 위치에서 경쟁할 수 있도록 장벽 제거
- 역사적 또는 잠재적 경제 효과가 확인될 수 있는 분야에 대한 우선 지원
- 지속 가능한 시장 내에서 활동
- 필요한 경우 규모의 경제에 근거한 지속 가능한 기업 모델을 가진 효율적인 인프라와 지원 메커니즘에 대한 우선 지원
- 기업 지원 이용의 보편화

모든 또는 개별 지역개발기구의 활동에 대한 추가 정보는 지역개발기구 국가사무국 웹사이트(www.englandsregionalrdas.com/home.aspx)에서 얻을 수 있다.

지역개발기구 활동

사회적기업의 잠재력에 대한 충분한 정보가 제공되는 문화 육성

지역개발기구는

- 조달 등 다양한 제도를 활용해 사회적기업과 민간 분야 간의 상업적 협력을 촉진하고,
- 대기업들과 중소기업들이 사회적기업과의 제휴를 통해 기업의 사회적 책임을 완수하도록 장려하며,
- 사회적기업을 신규 및 기존의 네트워크에 포함하여 관련산업과 부문에서 다른 기업 모델과의 상호연계를 강화할 것이다.

지역개발기구는 아래 방법을 통해 사회적기업에 더욱 초점을 맞춤으로써 신규 진입자들을 유치할 것이다.

- 사회적기업을 기존의 기업가정신 및 리더십 프로그램에 포함시킨다.
- 주요 파트너들과 이해관계자들[예를 들면, 고등교육기관, 직업자문가, 구직센터 플러스(Jobcentre Plus), 학습기술위원회, 분야별 기술위원회, 경제개발단체]에게 영향을 주어 설립 준비 또는 설립 단계에 있는 잠재적 사회적기업들에게 적절한 조언을 제공하게 한다.
- 잠재적 신규 사회적기업들에 대한 인프라 및 중간 지원을 위한 지속 가능한 모델을 장려한다.

지역개발기구들은 아래 사항에 있어 사회적기업 부문 관련단체들과 협력할 것이다.

- 모방 적용이 가능한 사회적기업 모델과 우수 관행의 확산을 돕는다.
- 행사, 워크숍 등을 개최함으로써 일반 기업 모델을 복제/적용할 수 있는 기회를 확산한다.
- 사회적기업 스스로 자신의 성과를 마케팅하고 홍보하기 위해 더 노력해야 한다는 인식을 확신한다.

사회적기업가에 대한 올바른 정보 및 조언의 제공

전국의 사회적기업들을 위한 현행 기업 지원제도를 검토하고 우수관행을 수집하는 공동 프로젝트에 이어, 모든 지역개발기구에 적용될 우수 관행 실시 계획이 2007년 3월 마련될 것이다.

각 지역개발기구는 해당 지역의 전반적인 사회적기업 전략의 이행을 지원할 것이다. 특히 비즈니스 링크 서비스를 통해 고객의 반응을 고려하면서 사회적기업에 가장 적절한 기업 지원 공급을 이행, 마케팅, 모니터링할 것이다.

지역개발기구들은 비즈니스 링크가 해당 지역사회적기업들이 이용할 수 있는 전문적 기업 지원을 인식하게 하도록 다음과 같은 노력을 기울일 것이다.

- 비즈니스 링크 지원 모델을 이행하는 과정에서 현행 관행의 검토로 얻은 교훈을 적용한다.
- 비즈니스 링크 서비스를 이용한 사회적기업들의 의견을 반영한다.

각 지역개발기구는 2008년까지 해당 지역 내 기업 지원에 대한 만족도가 증대되었음을 보고할 수 있어야 한다.

각 지역개발기구는 사회적기업들이 역내 기술개발 네트워크 및 기술개발 활동에 참여하도록 독려하고 사회적기업이 트레인 투 게인(Train to Gain, 과거의 전국 고용주 훈련 프로그램)에 포함되도록 함으로써 기술 개발을 지원할 것이다.

사회적기업의 적절한 자금 조달 지원

지역개발기구는

- 지역개발기구가 이미 시행하고 있는 기존 투자 제도의 가용성을 검토하고,
- 사회적기업을 기존 및 향후 '자금 조달 지원' 프로그램에 포함시킴으

로써 투자 준비도를 개선하고 일반 자금 조달 이용을 독려하며,

■ 지역개발금융기관(Community Development Finance Institutions)을 통한 사회적기업에 대한 기존의 투자를 검토하고 우수 관행 모델을 홍보할 것이다.

사회적기업과 정부 간의 협력 지원

통상산업부와 지역개발기구는 중소기업이 공공 부문 시장에 대한 공평한 접근성을 가질 수 있도록 노력할 것이며, 기존의 중소기업들을 겨냥한 조달 역량 지원을 사회적기업들도 받을 수 있게 할 것이다.

이를 위해 특히,

■ 중소기업국의 '정부조달사업자가 되는 길(Supplier Route to Government)'을 사회적기업들에게 알리고,
■ 공공 조달 시 사회조항의 사용에 따른 비용과 이익에 대한 통상산업부의 조사를 더욱 발전시키며,
■ 지역개발기구가 공급망 개발 프로그램의 일환으로 실시하는 중소기업을 위한 조달 지원을 사회적기업들이 이용할 수 있게 한다.

북아일랜드

2002년 기업통상투자부(Department of Enterprise, Trade and Investment: DETI)가 주도적으로 사회적경제 부문 개발을 위한 범정부적 노력을 통합하고 조율했다. 기업통상투자부는 또한 2004년에 2004~2007 3년간의 범정부 전략

인 '성공적인 사회적경제 개발'과 연례 육성 계획의 준비와 발표도 주도했다. 사회적경제는 계속해서 우선 과제가 되고 있으며, 기업통상투자부의 2005~2008 기업 계획에도 육성 분야로 포함되어 있다.

전략의 전반적 목표는 다음의 세 가지 목적 달성을 통해 강력하고 지속 가능한 사회적경제의 발전을 지원하는 것이다.

- 사회적경제 부문의 인식을 제고하고 지역 경제에 대한 그 가치와 기여를 입증한다.
- 사회적경제 부문을 발전시키고 사회적경제의 사업 역량을 증대한다.
- 사회적경제 부문을 지원하는 환경을 조성한다.

현 전략 시행의 마지막 해(2006/2007)의 중점 사안은 다음과 같다.

- 사회적경제 네트워크(Social Economy Network): 자체 전략에 따라 사회적경제 네트워크를 법인으로 전환. 기업통상투자부는 사회적경제 네트워크의 새 이사회와 긴밀히 협력하여 의견개진, 리더십, 회원기반 강화 그리고 전문적으로 관리되는 회원서비스에 초점을 맞춘 보다 독립적이고 지속 가능한 네트워크로의 전환을 지원하고 촉진할 것이다.
- 사회적경제 부문의 규모 측정: 기업통상투자부는 2년마다 시행되는 사회적기업 부문에 대한 북아일랜드 최초의 조사를 실시할 것이다. 2006년 9월 질문지 개발이 완료되었고 결과는 2007년 초에 발표될 것이다.
- 인식 제고: 홍보 전략의 일환이자 사회적경제 부문의 학습도구로서, 이 부문의 활동 범위와 역량을 보여 주기 위해 추가적으로 8개의 사례연구를 개발, 배포하였다.(사례연구에 대한 추가 정보는 기업통상투자부 웹사이트 참조.

■ 조달: 사회적경제 부문이 가능한 조달 기회를 파악하고 공공 부문 계약에 입찰해서 보다 성공적으로 경쟁할 수 있게 하기 위해서 이 부문의 역량과 능력을 강화하기 위한 시범 프로그램 개발

■ 북아일랜드 전략 검토: 현행 3개년 전략의 영향을 평가하고, 정부 부처 간의 그리고 사회적경제 네트워크와의 협력을 위한 추가적인 기회를 파악하여 사회적경제가 지속적으로 북아일랜드의 사회, 경제 발전에 기여할 수 있게 하기 위한 검토가 진행 중이다.

스코틀랜드

사회적경제를 위한 스코틀랜드 행정부 전략이 현재 퓨처빌더즈 스코틀랜드 프로그램을 통해 이행되고 있다. 이 프로그램은 사회적경제 단체에 1,700만 파운드를 직접 투자하는데, 이 단체들은 100만 파운드의 추가 지원도 받는다. 2005년 5월 스코틀랜드 행정부는 사회적기업만을 위한 전략을 수립하기로 결정했고, 현재 전략수립 작업이 진행 중이다. 이 전략은 더 나은 공공 서비스를 제공하고 스코틀랜드 경제를 발전시키겠다는 스코틀랜드 행정부의 공약과 연계되며, 이미 퓨처빌더즈 스코틀랜드를 통해 시작된 노력을 강화하게 될 것이다.

현재 퓨처빌더즈 스코틀랜드를 위한 지원 프로그램은 다음의 4가지 주요 분야에서 사회적기업 부문을 지원한다.

■ 공공 조달 과정에서 사회적경제 단체들이 동등한 위치에서 경쟁할 수 있도록 돕기 위한 일련의 안내서 발간

- 사회적기업 부문을 위한 새로운 금융 상품의 개발에 대한 조사
- 지역 사회적경제 파트너십(Local Social Economy Partnerships) 설립 등, 사회적기업들이 개발 지원을 이용할 수 있도록 보장
- 사회적기업 관련 정보 수집을 위한 연구 실시

기타 지원에는 다음과 같은 것이 있다.

- 사회적경제 단체들에게 세 단계의 지원을 제공하는 익스체인지(The Exchange): 이용 가능한 기업 지원에 대한 웹기반 데이터베이스, 개인(전화) 응답 서비스, 조직이 필요로 하는 전문지원을 직접 연결
- 사회적 주식 스코틀랜드(Social Equity Scotland): 사회적기업들에게 주식형 및 인내자본(patient capital)형 금융상품을 제공하기 위해 개발된 시범 사업
- 스코틀랜드 사회적기업 아카데미(the Scottish Social Enterprise Academy): 퓨처빌더즈 스코틀랜드 학습 기금의 지원으로 설립되어 전략적 발전과 사업 계획에 초점을 맞추어 사회적기업에게 맞춤 훈련 과정을 제공

그 밖에 사회적기업 부문에 직접 자금 지원을 하는 세 가지 퓨처빌더즈 스코틀랜드 기금이 있다.

- 투자기금(1,200만 파운드 규모): 성공적인 서비스 조달 실적이 있는 안정된 사회적경제 단체에 최대 50만 파운드의 보조금 지원
- 종자기금(400만 파운드 규모): 새로운 사업 계획을 발전시키거나 새 분야로의 확장을 원하는 성장 중인 소규모 단체에 최대 50만 파운드의 보조금 지원

■ 학습기금(100만 파운드 규모): 단체당 최대 20만 파운드의 보조금을 지원하고 신규 훈련 기회를 개발

위 기금이 제공하는 보조금은 모두 수혜단체의 재정적 지속 가능성에 기여할 뿐 아니라 스코틀랜드 행정부의 '기회평등(Closing the Opportunity Gap)'의 목표에 부합해야 한다.

웨일즈

웨일즈 정부의 비전은 경제의 포용과 성장을 강화하는 역동적이고 지속 가능한 사회적기업이다. 이것은 웨일즈 정부의 주요전략문서, '웨일즈, 더 나은 나라(Wales, A Better Country)'에 나타난 '사회, 경제, 환경 개선을 위한 행동이 복합 작용하여 긍정적 변화를 가져오는 지속 가능한 웨일즈의 미래'라는 비전과 부합한다.

2003년 7월 사회적기업 육성계획에 대한 협의서가 발표되었고, 이에 대한 웨일즈 정부의 대응책은 2004년 3월 발표되었다. 2005년 6월 발표된 웨일즈 최초의 사회적기업 전략은 이 같은 초기 작업에 기초하며, 사회적기업, 대표 단체 회원사, 웨일즈 정부 관계자, 자발적 조직 대표들로 이루어진 사회적기업 공동 실무 그룹과 제휴하여 마련되었다.

본 전략은 사회적기업 육성 계획의 형식을 따라 다음 4가지 주요 목표에 초점을 맞춘다.

■ 지원환경 조성

- 사회적기업을 보다 나은 기업으로 육성
- 사회적기업의 가치 입증
- 새로운 기회 개발 장려

이 전략은 위 각각의 목표를 달성하는 데 대한 장벽을 구체적으로 설명하고, 그 장벽을 제거하기 위해 시행 예정인 조치에 대한 정보를 제공하며, 현재 진행 중인 노력을 대략적으로 설명한다.

이 전략은 또한 주요 행동과 목표 다수를 포함하고 있으며, 이의 이행을 모니터링하고 평가하는 방법에 대한 정보를 포함한다. 이 주요 행동과 관련해서, 사회적기업 공동 실무 그룹의 산하 그룹에서는 2006년 동안 자금 이용, 조달, 자산 개발 분야의 연구를 진행 중이다.

전략 이행 기간 동안 연례 검토가 실시될 것이다.